# CUSTOMER EXPERIENCE

## GUÍA PRÁCTICA

### TODO LO QUE NECESITAS SABER PARA DISEÑAR Y MEDIR TUS EXPERIENCIAS CLIENTE

LUZ HERNÁNDEZ

**Categoría: Directivos y líderes**
**Colección: Marketing y gestión del cliente**

Título original: *Customer Experience*, guía práctica. Todo lo que necesitas saber para diseñar y medir tus experiencias cliente

Primera edición: Enero 2021
© 2021  Editorial Kolima, Madrid
***www.editorialkolima.com***

Autora: Luz Hernández
Ilustraciones: Inés Monjo
Dirección editorial: Marta Prieto Asirón
Maquetación de cubierta: Sergio Santos Palmero
Maquetación: Carolina Hernández Alarcón

ISBN: 978-84-18263-60-6

*Nunca pensé escribir un libro. Nunca pensé que te ibas a ir. Las dos cosas pasaron al mismo tiempo y qué mejor que dedicártelo a ti, Santi, el mejor cuñado que jamás soñé tener. Dicen que las personas no somos perfectas, pero tú eres quien más cercano a ello ha estado. Generoso, inteligente, divertido, optimista, vital, trabajador, buena persona, cariñoso, siempre contento. Aquel del que todos querían ser amigo y que yo tuve la suerte de tener cerca. Como un hermano te quiero. Si de algo sirve tu ausencia física es para demostrar la grandeza de Pili, fuerte y valiente, eje de esta familia que creaste. Les quiero.*

# ÍNDICE

# PRÓLOGO

*«No es una época de cambios sino un cambio de época».*

Esta es la frase con la que desde hace más de once años damos la bienvenida a los nuevos alumnos del ISDI, una frase que intenta resumir la dinámica de cambio constante que ha generado el entorno digital. Este proceso de innovación continua tiene una única misión, que es la de mejorar la experiencia de nuestros usuarios (i.e. *Customer Experience*). Es en este entorno que este libro adquiere especial sentido: una guía práctica sobre cómo abordar de una forma efectiva esta misión, explicando de forma muy didáctica y con un montón de ejemplos reales como convertir ese reto en una exitosa realidad.

Conozco a la autora, Luz Hernández, desde los años 90, cuando ambos trabajábamos para un mismo grupo, Coty. Ya en aquella época era una profesional que destacaba por su sana obsesión hacia la experiencia de sus usuarios. Desde aquel primer encuentro, nuestros caminos se han seguido cruzando y he ido siguiendo de cerca su crecimiento profesional, que iba cimentando en base a seguir optimizando esa «Customer Experience».

En esta obra, Luz comparte todo ese conocimiento de una forma muy sencilla, con modelos fácilmente entendibles (como el CX3C), poniendo nombre y apellidos a sus usuarios, y con una forma de explicar que se hace muy amena.

Este libro es un ejemplo de *Customer Experience* en sí mismo. Es de lectura obligada para todos los que tenemos consciencia de que las únicas empresas que van a tener un impacto real son aquellas que se esfuercen en optimizar su *Customer Experience* y conviertan esta en su principal prioridad.

A todos aquellos que crean que ya son expertos en esta área les haría una pregunta muy simple: ¿han priorizado esa experiencia durante la crisis del COVID19 por encima de la rentabilidad económica en el corto plazo? Esta es la «prueba del algodón» para diferenciar la realidad por encima de la teoría. La triste realidad es que durante esos meses son una excepción las empresas que siguieron fieles a esa misión de servicio a sus clientes. Todos conocemos (y sufrimos en primera persona) ejemplos como los de aerolíneas que se negaron a devolver el importe de aquellos billetes cancelados, o de empresas que tres meses después del estallido de dicha crisis seguían sometiendo a sus clientes a colas de espera interminables cuando estos llamaban a sus *call-centers*. Los usuarios y clientes devolverán a su sitio a aquellas empresas que les dieron la espalda durante la crisis y se volcarán en aquellas empresas que sean fieles a este nuevo paradigma del siglo XXI.

Espero que todos disfrutéis de este libro de la misma forma que lo he hecho yo.

Arnaldo Muñoz

Experto en híper-crecimiento digital
(easyJet: 4X, airbnb: 6X, Selina: 2X y
co-fundador del ISDI)

# INTRODUCCIÓN

Bienvenido al apasionante mundo de la *Customer Experience*. Apasionante desde dos perspectivas: por la transversalidad de la materia, lo que la hace variada, divertida, e incluso yo diría que novedosa, y porque representa la hora de la verdad de cualquier empresa. Cualquier empresa nace, crece, se expande para generar experiencias satisfactorias. Si no, muere.

De la *Customer Experience* empezó a hablarse coincidiendo con la irrupción del ecosistema digital. Es en los últimos años cuando ha empezado a ser un tema que despierta mucho interés por su impacto directo en el enfoque con el que las compañías gestionan la relación con sus clientes presentes y futuros. El término «experiencia» empieza a estar presente con más fuerza, y con él la prescripción y la fidelización. Pero no solo va de eso.

Una de las claves del éxito de la *Customer Experience* es la gestión de expectativas. Por ello, qué mejor que comenzar explicándote qué te va a deparar este libro.

Este manual práctico está pensado para que el «lunes», cuando llegues a la oficina, puedas empezar a trabajar con tus compañeros en diseñar y activar Experiencias Cliente relevantes y rentables. Hablo en plural porque da igual si trabajas en Marketing, Ventas, Servicio al Cliente, Operaciones, Digital o Informática... La Experiencia Cliente es de todos, todos la hacen posible, todos son necesarios. Por eso, independientemente del departamento en el que trabajes, sigue leyendo.

Este libro responde al *cómo* hacerlo, no al *por qué* hacerlo. No pretendo convencerte de que la *Customer Expe-*

*rience* es importante; doy por hecho que ya lo sabes. Si no, no estarías leyéndome. Yo voy de oyente a muchas conferencias y me sorprende negativamente que la mayoría del tiempo lo dediquen a convencerme de la importancia de una materia. Siempre pienso «*Eso ya lo sé; si no, no hubiera venido. Quiero que me digan cómo hacerlo, no por qué hacerlo*». Y eso es lo que yo pretendo con este libro.

En una primera parte vas a conocer las características a cumplir por las Experiencias Cliente, aquellas que van a llevar a que tus clientes estén satisfechos y tú ganes dinero. El libro está salpicado de múltiples ejemplos y *best practices* de compañías de éxito. Es un libro descriptivo e ilustrativo que te permitirá aprender de los mejores.

En una segunda parte, te voy a explicar el método CX3C, creado por mí y compuesto de diez fases a través de las cuales puedes diseñar la *Customer Experience* para los productos y servicios de tu empresa. Es una metodología que se ha aplicado en varias empresas, que se enseña en escuelas de negocios y en la que se ha formado el personal de varias compañías. Te explico cómo hacerlo con casos prácticos para que lo visualices de una manera más didáctica.

Es importante también que conozcas las fases por las que pasa una compañía cuando implementa modelos de *Customer Experience*. Dependiendo del grado de madurez de tu organización en la materia, tendrás que poner más foco en unos elementos o en otros. Identifica la tuya y actúa.

Si algo ha impactado a la Experiencia Cliente en los últimos años es la gestión de la covid-19. En este libro también encontrarás relatos de personas anónimas, pero reales, que han vivido situaciones que han influido directamente en la línea de flotación de la *Customer Experience*. Sus historias resonarán en ti y guiarán tu camino. Léelas y aprende de ellas. Yo te daré luz y te mostraré lo que hay detrás de sus palabras.

Quiero decirte asimismo que hablo de una manera aleatoria de cliente, consumidor o individuo. Ello es debido a que, dependiendo del sector, el término usado para referirnos a las personas destinatarias de nuestras experiencias cambia. Identifícate con cualquiera de los términos con independencia del que yo use en cada caso porque me estaré refiriendo a lo mismo. De vez en cuando encontrarás las siglas CX; es la manera de referirme de manera abreviada al término *Customer Experience*.

A su vez, hay veces que utilizo la expresión *Viaje del cliente*. Es una manera alternativa de referirme al conjunto de experiencias que un cliente tiene con una compañía.

En algunas de las páginas del libro también encontrarás a Inés. Ella nos acompañará. Porque después de ti, lector, ella y la gente que ella representa, son lo más importante. Yo diría que incluso —y perdona por ello—, un poco más que tú, que tienes el mayor de mis respetos ya solo por el hecho de estar ahora leyéndome. Las experiencias que diseñamos y ofrecemos van dirigidas a gente como Inés, como Santi, como Roberto, como Néstor, como Berto; personas con nombre y apellidos que tienen valores, deseos, hábitos y expectativas.

Tenemos varios capítulos por leer, mucho por descubrir y dos ideas clave para comenzar:

Si quieres tener éxito en tus proyectos de *Customer Experience* tienes que conseguir dos cosas: rentabilidad para tu empresa y emociones positivas en consumidores y clientes, así como en los que todavía no lo son y quieres que lo sean. Sin todo ello, la *Customer Experience* será un deseo y no una realidad.

# 1. QUÉ ES LA CUSTOMER EXPERIENCE

"**Emociona a tu cliente y a tu director financiero**"

Comencemos por el principio. ¿Qué es la *Customer Experience*?

La Customer Experience es la visión cualitativa de cualquier interacción o (falta de ella) que vive una persona con una compañía en todas las fases del proceso de compra a través de los puntos de contacto que les vinculan…

y vivir experiencias que activan emociones satisfactorias

para crear experiencias que generan negocio rentable…

Hay otro enfoque que la define como el conjunto de emociones generadas a través de las experiencias vividas con una compañía, haya habido interacción o no.

Esta segunda definición es incompleta porque pone el foco solo en el cliente y se olvida del enfoque compañía que, es clave e igualmente importante. Es por ello que la manera correcta de enfocar el tema es integrar en la definición el objetivo de compañía.

Desgranemos cada una de las palabras de esta descripción. Su significado es ligeramente distinto según sea visión cliente o empresa, pero son complementarias.

## VISIÓN CLIENTE

- Desde el punto de vista del cliente la experiencia es cualitativa, porque es según la persona que la vive y cómo la siente. Pero esto no significa que sea subjetiva sino que responde a hechos.
- No está restringida al uso del producto. Se expande a cualquier interacción, incluida la visualización de un *spot*; incluso la no interacción construye experiencia.
- Muchas de las interacciones se producen antes de que seas cliente. Por eso en el libro hablo indistintamente de individuo, consumidor y cliente. Me refiero a cualquier persona que se relacione con tu marca/producto/empresa.
- Afecta a todas las fases del proceso de compra desde el momento en que una persona tiene una necesidad hasta que conoce las diferentes alternativas, hace una lista de preferencias, compra o usa. Es lo que se llama *«funnel de compra»*. Más adelante lo detallaré dentro de la metodología. Si el momento de la compra es satisfactorio pero el uso no, apaga y vámonos. La *Customer Experience* es la suma de todas las experiencias.
- Esto va de omnicanalidad, de múltiples puntos de contacto, con independencia del dispositivo y canal en que se produzcan.

Voy a ilustrártelo con dos ejemplos que ayudan a comprender la definición. Son aleatorios y son solo ejemplos. Las experiencias que las compañías pueden ofrecer son múltiples. Caben muchas posibilidades. El viaje del cliente no es único; lo importante es que cumpla las características que más adelante descubriremos. Ahora quédate solo con el ejemplo. Hay cosas que quizás ahora no entiendas pero las irás entendiendo a lo largo del libro.

## EJEMPLO 1
### Experiencia de Ana con una compañía de seguros

**1**
«Me descargo una *App*, que conocí a través de un anuncio de TV y que me generó muchísima curiosidad»

**2**
«Una *App* que cuando voy a la web, mide cómo conduzco. Me divierte muchísimo aunque a veces me desespera ver los resultados»

**3**
«Me gustó el planteamiento porque las compañías de seguros ignoran a los jóvenes, ni nos quieren, además son muy aburridas por lo que me sorprendió y navegué por la web. Empecé a rellenar el cuestionario pero no me decidí»

**4**
«De todas maneras, no los conocía mucho, y quise mirar blogs. Me generan confianza. Casualmente vi una publicidad de esta gente. Hablaba de los servicios de ayuda en carretera, justamente, lo que más miré en su web»

**5**
«El precio para mí es importante. Ya saben, no voy muy sobrada de pasta. Los comparadores me ayudan a hacer una lista de posibles compañías. Los ponían bien»

**6**
«Volví a entrar en su web para calcular el precio. Fue muy fácil rellenar el formulario porque parte me salió auto rellenado supongo que habían guardado los datos de la otra vez. ¡Quedé muy agradecida! Es un rollo rellenar estos cuestionarios. También encontré unos vídeos muy didácticos y fáciles de entender»

7
«Mientras lo rellenaba, cuál sería mi sorpresa cuando me llaman y me preguntan qué necesito. Es la primera vez que me pasa. Dije 'qué gusto', son esos momentos de satisfacción donde uno se dice 'por fin una compañía de seguros que piensa en mí'»
8
«Me hablaron de una web personalizada para gente como yo. Ya la confianza fue plena. Me enviaron un mail con la oferta detallada»
9
«Me quedé tranquila porque me iba de vacaciones en un mes y necesitaba el coche»
10
«Por desgracia, estrené el seguro pronto. Pero bien; me contestaron el teléfono rapidísimo y la grúa llegó en 10', lo que me generó mucha tranquilidad. Estar tirado en la carretera es un rollo»
11
«En 24 horas ya me estaban informando de cómo iba la reparación. Quedé muy satisfecha»

**EJEMPLO 2**
**Experiencia de Inés con una compañía de bebidas**

**1**
«Me encanta invitar a cenar en casa y tener momentos de desconexión. La comida es casi lo menos importante. Es hablar, tomar una copa; más que una cena es casi una experiencia. Y me gusta hacerlo bien. Por eso busco ideas en Internet. No elijo cualquier cosa. Me gusta que todo resulte bien y disfrutar»

**2**
«Buscando en Google 'celebraciones especiales' entré en un blog llamado 'Sweppea'. Me gustaron los contenidos y visité la web. No me decidí»

**3**
«Días después, mirando las rebajas en la web de Zara me apareció una publicidad de esta gente. El contenido de la publicidad estaba muy ligado con aquello con lo que más tiempo me había dedicado a mirar en la web. Me sorprendió»

**4**
«Me dediqué también a mirar blogs a ver si me daban alguna idea y curiosamente vi un artículo sobre Sweppea. Me generó mucha curiosidad»

**5**
«Lo que me decidió fue ver en mi Facebook un *post* de uno de los chefs de Master Chef. Esto despertó mi interés»

**6**
«Ya fui directamente al Facebook de esta gente. Me hice fan y me suscribí a su *newsletter*»

7

«A los días recibí un *mail* con
una oferta personalizada de
un servicio de barman para
enseñarnos a hacer cócteles. Me
pareció muy divertido para la
cena de casa. Los contraté. Me
quedé aliviada. Fue la solución a
mi cena»

8

«El día de la cena me
enviaron un Whatsapp para
confirmar la hora a la que
venían. Me tranquilizó. Tenía
miedo de que se hubieran
olvidado. Llegó muy puntual y
tenía una presencia fantástica.
Incluso nos dejó unos folletos
con instrucciones por si otro día
lo queríamos hacer nosotros. La
verdad es que nos divertimos
mucho»

9

«Tanto que al día
siguiente lo comentamos
en el grupo de Whatsapp.
Envié el contacto. Incluso
un amigo lo comentó
en su Facebook y
subió fotos. Quedé muy
agradecida»

- Desde el punto de vista de compañía, la *Customer Experience* implica una manera diferente de gestionar la relación con el cliente, con un impacto importante en la manera de trabajar.
- Se pone al cliente en el centro de tu toma de decisiones.
- Considera lo que el cliente siente como una de las claves del proceso de trabajo, diseño y decisión.
- Se da tanta o más importancia al cómo y al cuándo que al qué. La CX no va solo de ofrecer productos, sino de cómo te relacionas con tus clientes.
- Hablamos de «compañía» en contraposición a «departamento». No hay una visión aislada por silos de cada departamento sino que se trabaja de manera integrada. La *Customer Experience* va de tecnología, de procesos, de innovación, de creación de marcas, de servicio al cliente.
- Se trabaja la relación con el cliente, y con el que quieres que lo sea, con visión global de todo el proceso de compra: desde que surge la necesidad hasta que el cliente se convierte en prescriptor. Le llevas de la mano con inteligencia a dónde él quiere ir y donde tú quieras que vaya. No trabajas las interacciones con tus clientes de una manera aislada sino integrada.
- Debes tener una visión omnicanal, es decir, integrar los canales para que el cliente circule por ellos sin silos si así lo desea.

Todo evidentemente con el objetivo de ganar dinero. Sin retorno no hay *Customer Experience* que valga. Morirás en el intento.

A continuación te voy a detallar qué hacen la compañía de seguros y la de bebidas para ofrecer las experiencias que han vivido Ana e Inés.

## EJEMPLO 1
### Experiencia de Ana desde la perspectiva de la compañía

Las experiencias vividas por Ana en páginas anteriores tienen toda una trastienda detrás y están vinculadas a iniciativas de compañía. De una manera resumida y haciendo referencia solo a algunas de las experiencias que hemos visto, un ejemplo de visión-compañía sería la indicada a continuación:

- Quieren vender 8.000 pólizas a un CPA (coste de adquisición del cliente) de 250€ para que sea rentable. Tras un análisis detectan que el perfil de clientes como Ana es el que ayudará conseguirlo.
- Para generar conocimiento lanzan un anuncio de televisión que invita a descargar una aplicación con un juego que los enganche.
- Con eso ya consiguen el móvil y el *mail* de Ana. Lo graban en su CRM (*software* donde integras información de tus clientes).
- Tienen sus sistemas preparados para que aquellos que entren en su web, al preguntar por ejemplo por precio (en este caso, tienen que rellenar un cuestionario), sean reconocidos (al coincidir su *mail*/móvil con el que tienen grabado de la aplicación).
- Si ello ocurre, llaman rápidamente al cliente porque ello define una alta propensión a la compra.
- Además cuelgan en su web vídeos didácticos que son coherentes con su posicionamiento de marca basado en la prevención.
- Se aseguran de estar en *blogs*, un canal muy utilizado por su *target*. Tienen publicidad en

*blogs*. Esto les permite acceder a la *cookie* (pequeña información enviada por un sitio *web* y almacenada en el navegador del usuario de manera que el sitio *web* puede consultar la actividad previa del navegador).

• A aquellos usuarios que *clican* en la publicidad y accedan a través de ella a su *web*, si los tienen registrados en su CRM les envían un *mail* personalizado comunicándoles la existencia de un programa de recompensa especial para jóvenes.

Veamos el mismo esquema anterior añadiendo en el interior de la flecha algunas de las iniciativas de la compañía de seguros:

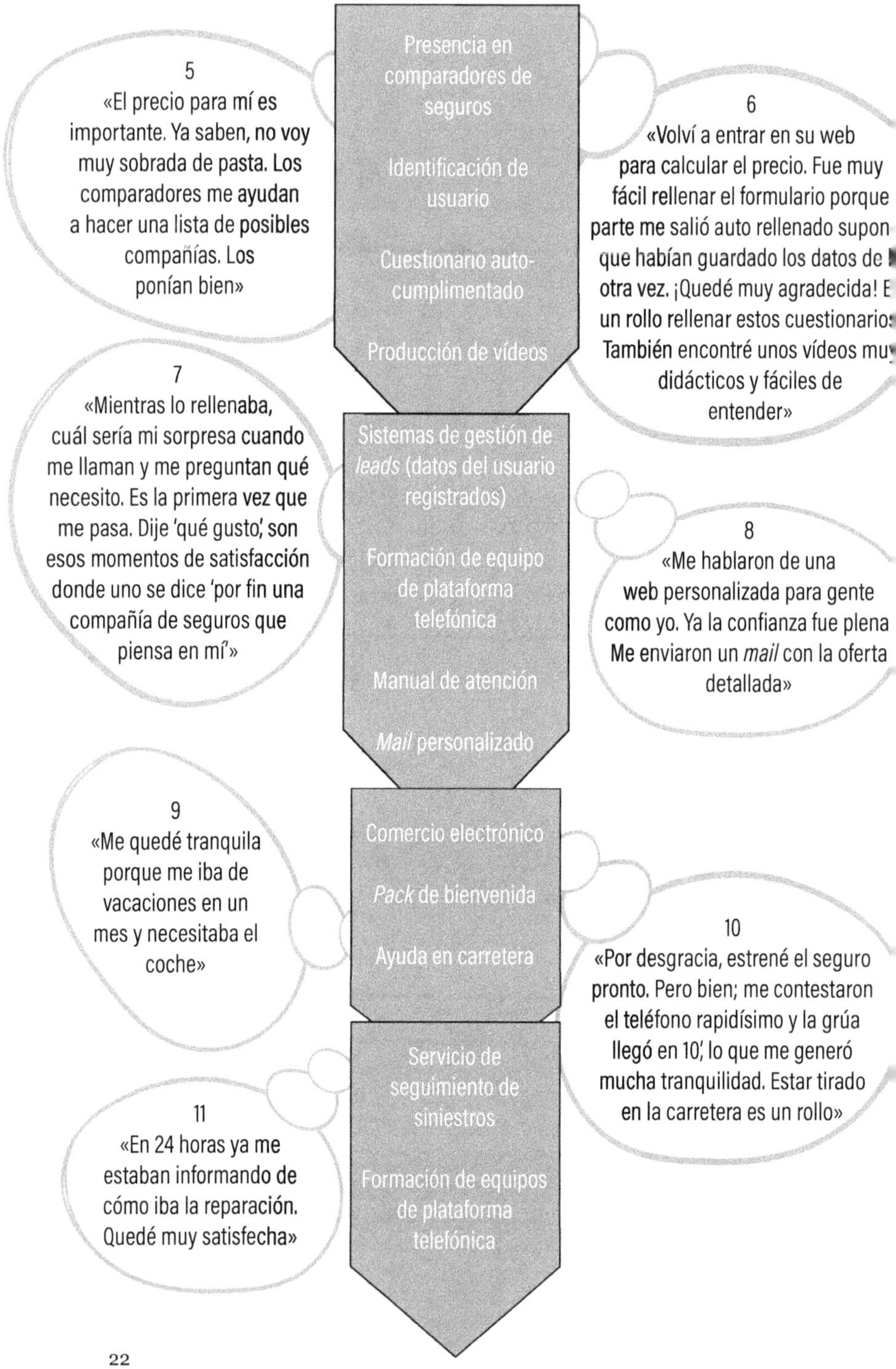

**5**

«El precio para mí es importante. Ya saben, no voy muy sobrada de pasta. Los comparadores me ayudan a hacer una lista de posibles compañías. Los ponían bien»

**6**

«Volví a entrar en su web para calcular el precio. Fue muy fácil rellenar el formulario porque parte me salió auto rellenado supon que habían guardado los datos de otra vez. ¡Quedé muy agradecida! E un rollo rellenar estos cuestionarios También encontré unos vídeos muy didácticos y fáciles de entender»

**7**

«Mientras lo rellenaba, cuál sería mi sorpresa cuando me llaman y me preguntan qué necesito. Es la primera vez que me pasa. Dije 'qué gusto', son esos momentos de satisfacción donde uno se dice 'por fin una compañía de seguros que piensa en mí'»

**8**

«Me hablaron de una web personalizada para gente como yo. Ya la confianza fue plena Me enviaron un *mail* con la oferta detallada»

**9**

«Me quedé tranquila porque me iba de vacaciones en un mes y necesitaba el coche»

**10**

«Por desgracia, estrené el seguro pronto. Pero bien; me contestaron el teléfono rapidísimo y la grúa llegó en 10', lo que me generó mucha tranquilidad. Estar tirado en la carretera es un rollo»

**11**

«En 24 horas ya me estaban informando de cómo iba la reparación. Quedé muy satisfecha»

Presencia en comparadores de seguros

Identificación de usuario

Cuestionario auto-cumplimentado

Producción de vídeos

Sistemas de gestión de *leads* (datos del usuario registrados)

Formación de equipo de plataforma telefónica

Manual de atención

*Mail* personalizado

Comercio electrónico

*Pack* de bienvenida

Ayuda en carretera

Servicio de seguimiento de siniestros

Formación de equipos de plataforma telefónica

## EJEMPLO 2
## Experiencia de Inés desde la perspectiva la compañía

En el caso de la compañía de bebidas, ¿qué hacen para que Inés viva las experiencias anteriores?

- Invierten en SEM (campañas de anuncios de pago en buscadores) con las palabras clave ligadas con el tipo de búsquedas que hace Inés.
- Crean una web (quizás con un *partner*, por ejemplo, una empresa de *catering*) con contenidos afines a Inés que posicionen en orgánico.
- Registran las *cookies* que entran a su web y hacen campañas de marketing programático (permite mostrar anuncios condicionado a que se den determinadas circunstancias) para asegurar volver a impactar a la misma *cookie* si la encuentran de nuevo.
- Llegan a acuerdos con *blogs* afines a ese perfil de consumidor.
- Invierten en publicidad para salir en páginas de Facebook de perfiles afines a Inés.
- Generan en Facebook contenidos relevantes para el *target* y que así este se haga fan.
- Tienen preparadas campañas de *e-mailing* mensuales para envío de la *newsletter*.
- Tienen un servicio de contratación de barmans *online* con respuesta inmediata.
- Tienen un proceso exigente de selección de barmans. Los forman y confeccionan manuales de uso.
- Tienen manuales de comportamiento: lenguaje, presencia, oratoria...
- Tienen decenas de recetas de gintonics según los gustos de los consumidores.

- Realizan una escucha activa en RRSS (redes sociales) para mejorar el servicio y dar respuesta a las necesidades y preguntas de los clientes.

Integremos estas acciones de compañía y alguna más en el esquema anterior:

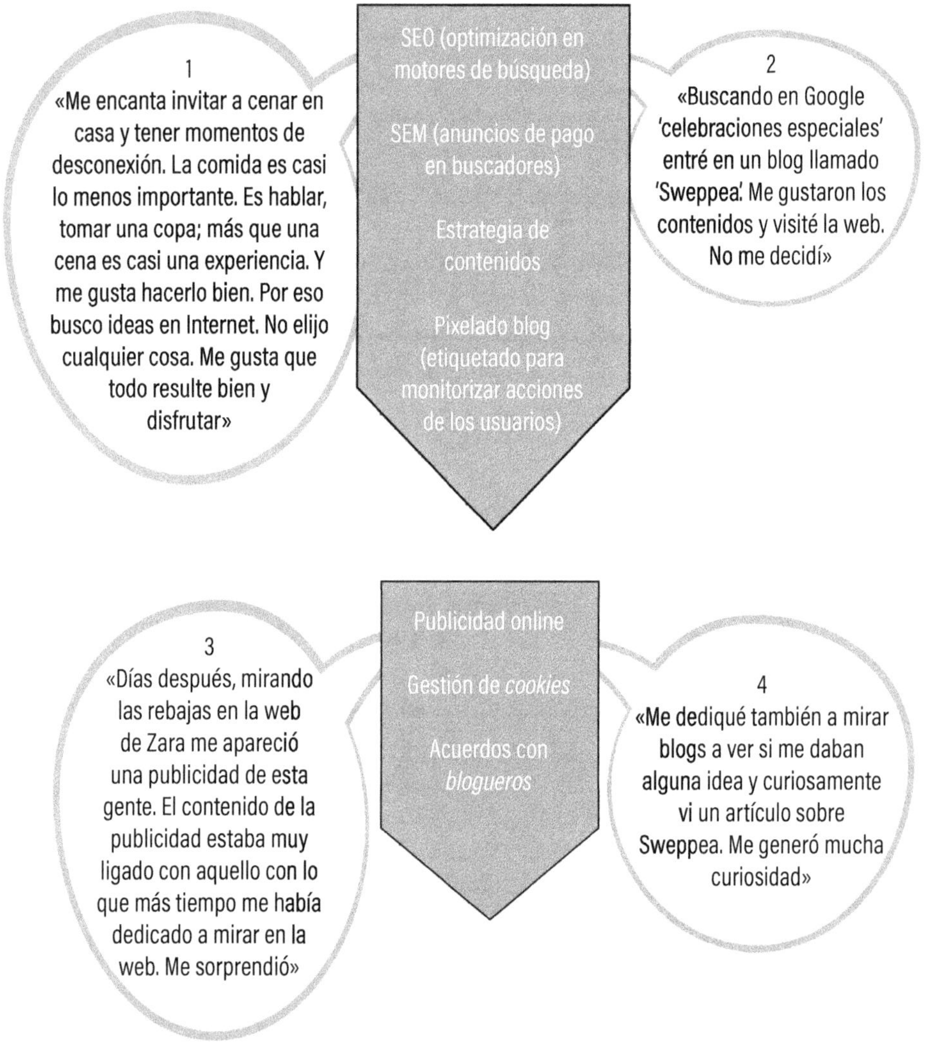

**SEO (optimización en motores de búsqueda)**

**SEM (anuncios de pago en buscadores)**

**Estrategia de contenidos**

**Pixelado blog (etiquetado para monitorizar acciones de los usuarios)**

**Publicidad online**

**Gestión de *cookies***

**Acuerdos con *blogueros***

**1**

«Me encanta invitar a cenar en casa y tener momentos de desconexión. La comida es casi lo menos importante. Es hablar, tomar una copa; más que una cena es casi una experiencia. Y me gusta hacerlo bien. Por eso busco ideas en Internet. No elijo cualquier cosa. Me gusta que todo resulte bien y disfrutar»

**2**

«Buscando en Google 'celebraciones especiales' entré en un blog llamado 'Sweppea'. Me gustaron los contenidos y visité la web. No me decidí»

**3**

«Días después, mirando las rebajas en la web de Zara me apareció una publicidad de esta gente. El contenido de la publicidad estaba muy ligado con aquello con lo que más tiempo me había dedicado a mirar en la web. Me sorprendió»

**4**

«Me dediqué también a mirar blogs a ver si me daban alguna idea y curiosamente vi un artículo sobre Sweppea. Me generó mucha curiosidad»

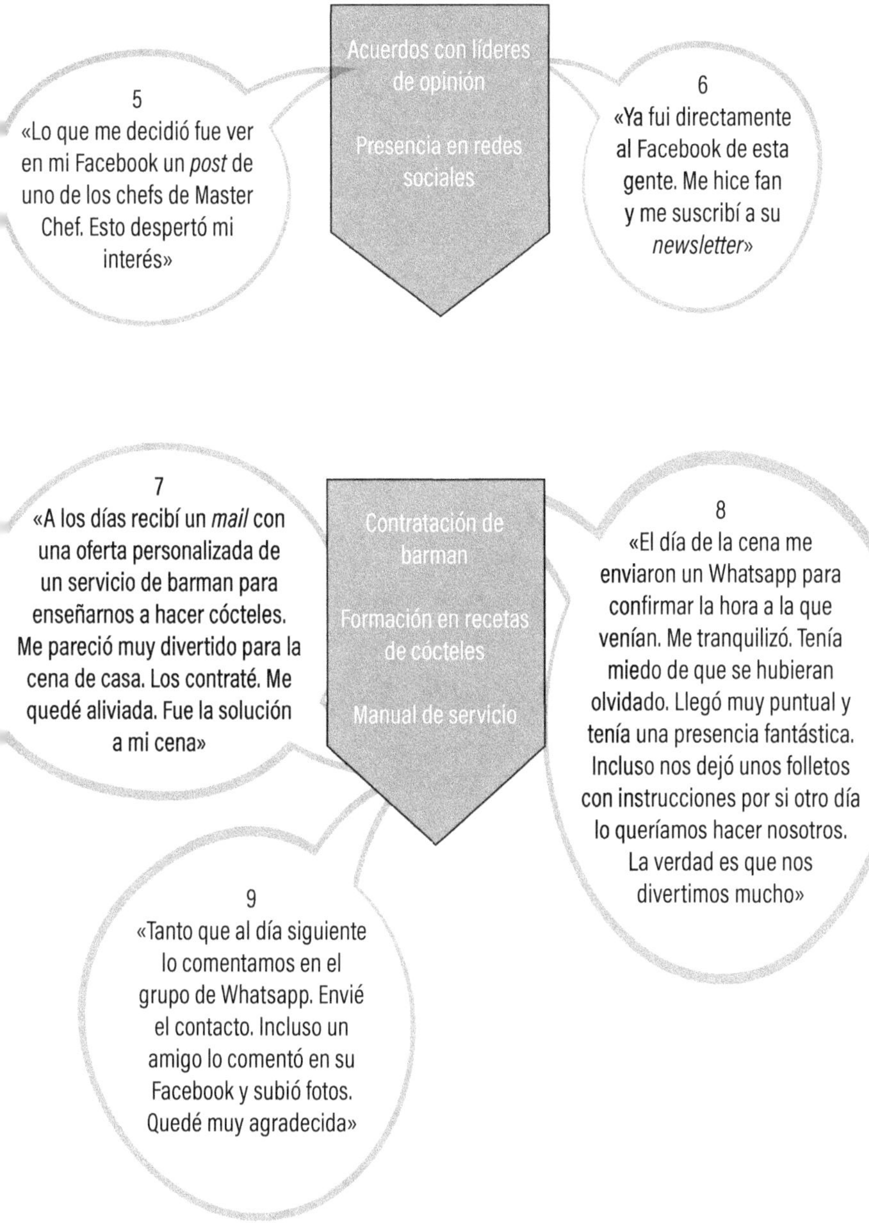

Acuerdos con líderes de opinión

Presencia en redes sociales

5
«Lo que me decidió fue ver en mi Facebook un *post* de uno de los chefs de Master Chef. Esto despertó mi interés»

6
«Ya fui directamente al Facebook de esta gente. Me hice fan y me suscribí a su *newsletter*»

Contratación de barman

Formación en recetas de cócteles

Manual de servicio

7
«A los días recibí un *mail* con una oferta personalizada de un servicio de barman para enseñarnos a hacer cócteles. Me pareció muy divertido para la cena de casa. Los contraté. Me quedé aliviada. Fue la solución a mi cena»

8
«El día de la cena me enviaron un Whatsapp para confirmar la hora a la que venían. Me tranquilizó. Tenía miedo de que se hubieran olvidado. Llegó muy puntual y tenía una presencia fantástica. Incluso nos dejó unos folletos con instrucciones por si otro día lo queríamos hacer nosotros. La verdad es que nos divertimos mucho»

9
«Tanto que al día siguiente lo comentamos en el grupo de Whatsapp. Envié el contacto. Incluso un amigo lo comentó en su Facebook y subió fotos. Quedé muy agradecida»

# 2. CÓMO DEBEN SER LAS EXPERIENCIAS

"La Customer Experience está vinculada a la gestión global del 'funnel de compra'"

Las experiencias que diseñemos deben cumplir una serie de características si queremos que cubran los dos objetivos para los que fueron creadas: generar satisfacción en el cliente y crear negocio rentable para la compañía. Dichas características no solo responden a la necesidad de facilitar el cumplimiento de esos dos objetivos, también hay que considerar la idea clave de que la Experiencia Cliente está vinculada con la gestión global de la compañía.

Es muy importante ser consciente de que cuando hablamos de Customer Experience no hablamos de experiencias aisladas. Una experiencia no crea *Experiencia Cliente*; la conjunción de varias es la creadora de experiencias.

Bajo estas premisas, ocho son las características a cumplir por las Experiencias Cliente:

1. VIABLES
2. RELEVANTES
3. VINCULADAS
4. ALINEADAS CON EXPECTATIVAS
5. CONSISTENTES
6. SENCILLAS
7. PERSONALIZADAS

## 1. VIABLES

No siempre se trata de querer, a veces va de poder.

Construye en base a lo que como compañía puedes hacer. Tienes que conocer mucho tu organización. Recuerda que esto va de generar satisfacción. ¡Cuidado! Si no llegas generarás ineficacia, promesas incumplidas e incoherencias.

Para asegurar que las experiencias que ofreces son viables debes tener en cuenta las siguientes variables:

| VARIABLE INTERNAS | VARIABLES EXTERNAS |
|---|---|
| ▪ Tu objetivo de compañía | ▪ Contexto en que el consumidor hace la tarea |
| ▪ Tu posicionamiento | ▪ Normativa vigente |
| ▪ Tus capacidades monetarias, humanas y tecnológicas. | |
| ▪ Tus procesos clave | |
| ▪ Tu ventaja competitiva | |
| ▪ Tus valores | |

Veamos cada una de ellas:

### Alineadas con tu objetivo de compañía

Es importante que las experiencias que diseñes estén alineadas con tu objetivo de compañía por dos razones:
- Porque las experiencias son un vehículo que te ayuda a conseguir tu objetivo de negocio.
- Porque el tipo de experiencias a ofrecer cambia según tu objetivo de negocio. Las experiencias que generan conocimiento son diferentes de las que generan preferencia o las que te permiten incrementar el número de productos comprados por un cliente.

> **EJEMPLO**

Si eres una compañía de moda *retail* y tienes entre tus objetivos reducir los *stocks* en tienda, puedes montar un *show room* con solo una prenda por talla que la gente se pueda probar pero no comprar. La compra sería *online* con petición en la misma tienda a través de iPad.

## BEST PRACTICE: AIRBNB

Observando las experiencias que Airbnb ofrece, podríamos decir que persiguen varios objetivos. Dependiendo de la fase de madurez como empresa, han ido dando prioridad a unos sobre otros.

1. Conocimiento. Al principio, en la primera web que lanzaron en España y cuando muy poca gente conocía Airbnb, destinaban espacio a explicar a qué se dedicaban, su filosofía o su concepto de comunidad. Daban mucha importancia, entre otras cosas, a los vídeos y a la normativa de uso fortaleciendo así los contenidos explicativos.

2. Preferencia. Para facilitar que tanto huéspedes como anfitriones vencieran los temores de compartir una vivienda, la prescripción y las recomendaciones ocupaban (y todavía ocupan) un lugar importante en su web.

3. Incremento de la compra media. En el portal actual de Airbnb hay una oferta de experiencias complementarias al hospedaje, como restaurantes o actividades guiadas. Ello facilita que un mismo usuario incremente los servicios contratados y, por ende, aumentar la compra media.

## Tu posicionamiento

Tu posicionamiento de marca es el espacio que quieres ocupar en la mente del consumidor, es decir, aquel con el que quieres que te asocien (ejemplo, Volvo es Seguridad o Coca Cola la alegría de vivir). Ayuda a centrar, guiar y fijar todos los esfuerzos de la compañía, ya que todo lo que hagas (el servicio, los productos, el lenguaje del *call center*, la comunicación) debe ser coherente con ello.

¿Por qué es importante diseñar experiencias que estén alineadas con tu posicionamiento de marca? Tu posicionamiento se construye en cada interacción con tu cliente. Si no, es papel mojado. Tu posicionamiento define lo que eres como empresa. Si lo has definido como debe ser, es decir, que sea relevante para tu *target*, ofrecer experiencias en línea con tu posicionamiento refuerza la sintonía con tus clientes.

Además, si consigues transmitir tu posicionamiento en cada Experiencia Cliente construirás coherencia, y coherencia es igual a fiabilidad. Si no eres fiable te podrán comprar una vez pero dos ya es más difícil.

........................................................................................................

### BEST PRACTICE: NESTLÉ/VOLVO

La vocación de Nestlé es mejorar la calidad de vida a través de la nutrición. Es por ello que ofrecen un espacio privado *online* «A gusto con la vida» donde tienen una serie de servicios ligados con la alimentación, nutrición, actividad física y hábitos saludables[1].

Volvo siempre se ha vinculado con la seguridad. Las experiencias de marca, desde el diseño del coche, sus vídeos promocionales o las innovaciones, refuerzan dicho posicionamiento. Sirva como ejemplo el diseño e instalación del primer cinturón de seguridad con tres anclajes, el primer cojín infantil integrado y el sistema de protección contra impactos laterales[2].

........................................................................................................

---

1    Fuente: www.agustoconlavida.es

2    Fuente: www.volvocars.com

## Tus capacidades monetarias, humanas y tecnológicas

Hay veces que si no tienes los recursos suficientes, los empleados formados y las capacidades tecnológicas desarrolladas, no puedes ofrecer experiencias satisfactorias. Digo «a veces» porque no todo va de tecnología ni de más inversión. Muchas de las cosas que vas a conocer a través de este libro no lo hacen necesario, pero depende de lo que quieras ofrecer. Lo que pretendo transmitirte es que debes ser realista con lo que tienes y conocer bien qué exige lo que vas a ofrecer. Si no hay sintonía entre ambas cosas, ofrece otras experiencias donde sí la haya.

**EJEMPLO**

Si eres una compañía área y solo tienes dos mostradores de facturación, despliega todos tus encantos en la facturación *online*.

Si eres una tienda pequeña de barrio que no puede competir en surtido ni en precio con tu competencia cercana, detecta qué capacidades te hacen diferente: por ejemplo, tu conocimiento de las familias residentes en la zona o tus contactos con agricultores locales que te pueden proveer de productos frescos de calidad.

## Tus procesos clave

Debes tener preparados los procesos clave que te permiten ofrecer dichas experiencias: logística, procedimientos de pago, gestión de bajas de clientes, servicios de entrega... Dependiendo del sector y de las experiencias a ofrecer, estos cambiarán. Sé consciente de que «detrás» de cada interacción con tu cliente hay unos procesos internos que deben funcionar a la perfección.

## Tu ventaja competitiva

Debes ofrecer experiencias que pivoten sobre tu ventaja competitiva, es decir, lo que te diferencia de otras compañías, colocándote en una posición relativa superior para competir.

Pivotar sobre tu ventaja competitiva no solo hará tus experiencias viables, sino que también las hará más diferenciales en la medida en que a tu competencia le será difícil competir con ellas.

........................................................................

### BEST PRACTICE: ZARA

Si la ventaja competitiva de una compañía es la capilaridad debe pivotar sobre ella a la hora de crear su *e-commerce*. ¿Cómo? Con entrega de mercancía en tienda. Es una de las cosas que hace Zara con sus entregas en tienda, algo con lo que Amazon no puede competir.

........................................................................

## Tus valores

También debes ser coherente con tus valores. Los valores se demuestran con hechos y las experiencias son hechos tangibles. En consecuencia, si logras que tus experiencias sean un elemento transmisor de los mismos, no solo conseguirás fortalecer tu vínculo emocional con clientes y consumidores, sino que también lograrás que tus valores no sean papel mojado y que solo figuren en tu manual de marca o en los protocolos de Recursos Humanos.

........................................................................

## BEST PRACTICE: ING DIRECT

Hace ya un tiempo, ING Direct gestionó con brillantez una queja en Twitter de uno de sus clientes. Fue la misma directora general, en aquella época Carina Szpilka, la que contestó directamente con el siguiente mensaje: «Te contactamos a lo largo de la mañana a ver si conseguimos arreglarlo. Y te pido disculpas por no haberlo hecho como debería ser»[3].

........................................................................

## Contexto en que el consumidor hace la tarea

Si no consideras el contexto en el que el consumidor realiza la tarea, las experiencias no serán viables. Por ejemplo, si el consumidor aprovecha los recorridos en bus para relacionarse con las marcas, ofrécele *Apps* o dispositivos móviles. Si el cliente tiene un accidente y puede estar en una zona sin cobertura, ofrécele experiencias a través de dispositivos de llamada que funcionen sin conexión. Si tu cliente viaja con frecuencia a otros países, asegura un *call center* con conexión a números de teléfonos extranjeros.

........................................................................

## BEST PRACTICE: NIKE

Nike destaca por ofrecer a sus usuarios y clientes muchos servicios a través de *Apps* porque, como deportistas que son, hay actividades como el *running* que pueden ser medidas y monitorizadas a través de una *App* mientras hacen deporte.

........................................................................

---

3   Fuente Twitter @carinaszpilka

## Normativa vigente

El último aspecto a considerar para hacer las experiencias viables es el entorno, circunstancias externas que impactan en la calidad del servicio o del producto que una empresa presta y que condicionan su prestación: leyes, restricciones urbanísticas, diseño espacios públicos...

**EJEMPLO**

Si eres una cadena de supermercado y quieres instalar un nuevo centro en un barrio de aparcamiento con zona azul, tienes diferentes alternativas para generar experiencias satisfactorias. Algunas de ellas podrían ser:

- Alquilar un local con *parking* en el edificio
- Ubicar, por ejemplo, tu enseña de productos frescos (cuya compra suele ser de poco peso), en locales sin *parking* y dejar las tiendas con surtidos más completos para un edificio con *parking*.
- Tener mucha capilaridad de tiendas en el barrio para que siempre haya un supermercado al lado de la casa del cliente.

La normativa vigente también afecta a las experiencias. Pongamos el caso de los horarios de apertura del comercio que está regulado por ley. Si estás en Madrid puedes ofrecer una amplia disponibilidad horaria con servicio siete días a la semana, y si estás en Barcelona la mayoría de los domingos no puedes abrir. Carrefour en Madrid tiene un centro que abre 24 horas siete días a la semana.

## 2. RELEVANTES

Las experiencias tienes que diseñarlas pensando en lo que es importante para el cliente o consumidor al que te diriges.

Si en el apartado anterior, el foco era tu compañía, en esta el foco está en el cliente. En este caso se trata de que las experiencias sean relevantes para la persona que las vive. En *Customer Experience* esto implica que:

- Estén alineadas con los valores y la identidad del individuo
- Generen emociones positivas
- Las experiencias cubran el objetivo que la persona persigue
- Den respuesta a los deseos del individuo

### Alineamiento con los valores y la personalidad de tu target

Tienes que conocer mucho a tu cliente, su personalidad, sus valores y lo que le gusta, e intentar que tus experiencias sean un reflejo de ello. La investigación de mercado es una disciplina que te ayuda a ello, pero no es la única. En el apartado

«Facilitadores» encontrarás ideas de cómo obtener la información que te ayuda a conocer al *target* al que te diriges.

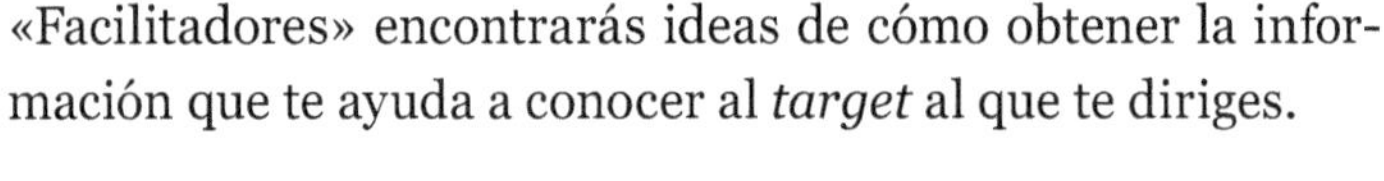

## BEST PRACTICE: RED BULL

Las experiencias de Red Bull transmiten perfectamente la esencia de un perfil de cliente determinado: persona atrevida, amante de los riesgos, valiente, que vive la vida a tope. Y las experiencias que ofrece están alineadas con eso; de ahí el diseño de sus productos, los deportes que patrocina, las actividades que organiza, la web que tiene, el tipo de comunidades que ha creado.

## BEST PRACTICE: ROOM MATE

Room Mate ha sabido ofrecer experiencias alineadas con su *target*. Por ejemplo, en 2013 fue la primera cadena hotelera en ofrecer a sus clientes WiMate un sistema gratuito de wifi inalámbrico para estar conectado en toda la ciudad, por el que recibió el premio Best Innovation in Digital Sales & Marketing por Worldwide Hospitality Award[4]. Esto es debido a que Room Mate es una cadena con mucha penetración entre el *target* extranjero joven.

Asimismo, y en línea con el comportamiento de este segmento, el horario de desayuno llega hasta las 12:00 h del mediodía.

## Generar emociones

La gestión de las emociones es clave en la Experiencia Cliente.

---

4    Fuente: https://room-matehotels.com/es/blog/room-mate-hotels-interpretacion-personas-sordas/

Hay gente a la que esto le puede parecer baladí, obvio, ridículo. Tú estás leyendo este libro porque confías en el poder de la *Customer Experience* pero te encontrarás con mucha gente que no.

¿Por qué generar emociones es clave más allá de que el consumidor se sienta más satisfecho?

Primero, porque las emociones son observables, por lo que pueden ser testadas y así nos permiten identificar oportunidades de mejora en el proceso de diseño. Esta monitorización a través de la observación nos posibilita ir cambiándolas si no cumplen los objetivos que pretendemos.

Segundo, porque el sentir emociones hace que las experiencias sean más memorables. Cuanto más capital de recuerdo tienen tus experiencias, menos «trabajo» tienes que hacer en las venideras para que sean percibidas como satisfactorias. Sirva como ejemplo Nike; con solo ver su logo, ni siquiera el *naming*, te vienen muchas imágenes a la memoria. Esto es gracias al capital de recuerdo acumulado.

Tercero, porque una emoción suele acarrear una acción. Esto es algo muy importante en la psicología médica y de lo que los psicólogos hablan mucho. En la *Customer Experience*, la emoción a veces es el motor, el camino, el truquillo que utilizamos para que el consumidor se movilice a hacer lo que «nosotros queremos que haga».

**La gestión de emociones permite observar la reacción de los clientes, hacer experiencias más memorables y movilizar a la acción.**

Cada paso de la *Customer Experience* debe estar diseñado para llevar al consumidor a donde a nosotros nos interesa, pero para conseguirlo hay que ir ofreciéndole cosas que sean relevantes para él.

Son emociones «planificadas». Aquí no se deja nada al azar. En el mapa de experiencias, uno de los elementos clave es definir qué quiero que sienta y después, como reacción, qué quiero que haga: ¿qué emociones específicas queremos hacer sentir al cliente en cada etapa y en cada paso? ¿Sorpresa, admiración, interés?

**Debes partir de la acción que quieres que el cliente realice (siempre alineado con tu objetivo de compañía) y en base a eso determinar la emoción a sentir. El siguiente paso es diseñar una experiencia que active esa emoción.**

**EJEMPLO**

Si quieres que el cliente comparta cosas que hayas publicado en tus redes sociales, hacerle sentir orgulloso funciona. Si deseas que explore, genérale sorpresa. Si te interesa que repita, gratitud. Si quieres poner el foco en que te escuche porque tu sector no genera mucha vinculación, genera simpatía (por eso, el humor funciona tan bien).

## Cubrir el objetivo que la persona persigue

Cuando una persona se relaciona con una compañía, siempre lo hace por algo, es decir, persigue un objetivo. Esto las compañías deben investigarlo, porque las experiencias que ofrezcas deben dirigirse a cubrir ese objetivo.

En el caso del sector de moda, un posible objetivo del cliente podría ser «dedicar poco tiempo a la compra». Ante ese objetivo la compañía puede ofrecer experiencias de tiendas *show room* con solo una prenda por modelo; espejos virtuales para no tener que probarse los artículos y terminales de auto-pago que te evitan hacer cola.

## Dar respuesta a los deseos e insights del individuo

Cuando contratamos un servicio o compramos un producto detrás siempre hay un «*insight*» (motivación última que lleva al consumidor a realizar una acción) que define el porqué de nuestros comportamientos. Si lo descubres en tus clientes, encontrarás la llave para relacionarte con ellos. Un *insight* se obtiene tras la investigación más profunda de la marca y el consumidor. Nos permite conocer mejor cómo conectar de manera adecuada con ellos.

### BEST PRACTICE: DOVE

Hay muchas mujeres que luchan contra los estereotipos de la mujer estéticamente perfecta. Ante esa inquietud, Dove ha creado «El compromiso con la Belleza Real» con tres promesas: 1. Siempre presentan a mujeres reales, no a modelos; 2. Retratan a las mujeres tal y como son; 3. Ayudan a las niñas a ganar autoestima y confianza corporal. Ello se refleja en muchas de las experiencias que crean: vídeos, anuncios de TV y programas de educación, entre otras[5].

---

5    Fuente: https://www.dove.com/es/stories/about-dove/dove-real-beauty-pledge.html

¿Por qué Ana desde el punto de vista de la relevancia fue impactada por la compañía de seguros con unas determinadas experiencias y no con otras? Porque detectaron que a ella las compañías de seguros le aburren; en consecuencia, generar diversión sirve para captar su atención. Por ello le ofrecieron vivir la experiencia de un juego a través de una aplicación, un canal interactivo que entretiene. También identificaron que a la hora de comprar el primer seguro, la prescripción familiar es clave, por lo que aprovecharon un momento de reunión familiar alrededor del televisor utilizando una campaña de televisión.

## 3. VINCULADAS

Cada experiencia persigue un determinado objetivo y tiene «vida» en sí misma, pero el viaje del cliente es mucho más eficaz si una experiencia determinada es un elemento facilitador de otras experiencias que el cliente vive en otros momentos.

Hay muchas maneras de hacerlo posible:
1. Obteniendo datos del cliente para ser utilizados en otras experiencias
2. Creando un flujo de experiencias donde una lleve a otra
3. Integrando las experiencias evitando los silos
4. Diseñando la secuencia de tareas óptima

Esto es importante por varias razones:
- Por eficiencia: cualquier elemento facilitador que introduzcas en la relación con tu cliente le hará la vida más fácil.
- Por excelencia: la *Customer Experience* es la suma de detalles. El todo es consecuencia de la suma de todas sus partes.
- Si algo falla la confianza se resquebraja y eso afecta a toda la cadena.

Veamos esto con mayor detenimiento.

## Obtener datos del cliente

Veremos más adelante que otra de las características a cumplir es la personalización. Para ello debes obtener datos que te permitan conocer al cliente. Dicho conocimiento lo puedes obtener a través de datos e información que consigues en experiencias previas. En la medida de lo posible, una experiencia debería conseguir el dato que permitirá personalizar las experiencias posteriores. Puedes conseguir su teléfono, su *mail*, saber dónde vive, conocer sus gustos en un determinado momento de la relación y hacer uso de dicha información más adelante.

........................................................

### BEST PRACTICE: GOOGLE

Google lo hace muy bien facilitando los resultados de búsqueda en base al patrón de navegación del usuario. Tras una primera búsqueda donde el usuario muestra sus preferencias, en las siguientes, Google elige qué mostrarte partiendo de lo que buscó anteriormente, ya que ello lleva a personalizar sus experiencias.

........................................................

Otra opción es el *retargeting*, donde gracias al uso de las *cookies* vuelves a impactar al usuario de una manera más eficaz. El registro de dicha *cookie* y su seguimiento posterior facilita a las marcas impactarlo con un contenido afín al que previamente se expuso.

## Crear flujo de experiencias

La Experiencia Cliente es una concatenación de hechos que toman vida en forma de experiencias.

Hay que impulsar el «flujo del viaje». Como te dije anteriormente, una de las claves de la *Customer Experience* es que hagas circular a tu consumidor por las diferentes fases del «*funnel* de compra». Esto lo veremos más adelante en detalle.

**Cuando diseñes las experiencias a ofrecer, debes hacerlo pensando no solo en que el cliente disfrute de cada una de ellas, sino que tienes que visualizar cada experiencia como un vehículo que le lleve a otra. Así impulsarás el que vaya moviéndose por tu *funnel* de compra y llegue a la fase donde tu objetivo de negocio se haga realidad.**

## Integrar las experiencias

Un consumidor se relaciona con una marca en diferentes momentos.

El cliente, o prospecto, cuando deja de hacer una tarea, y luego la retoma, no debería empezar de cero.

Desde la visión global que hemos estado comentando, la suma individual de cada contacto es lo que crea experiencia. Si construyes tu modelo de relación con tu cliente con esta mentalidad te darás cuenta de que cada punto aislado es solo una parte que tiene su continuación en otro momento posterior.

Para hacerlo eficaz y fácil tienes que concatenar las experiencias teniendo claro en qué pasos una experiencia es solo parte de un proceso que continuará más adelante. Debes diseñarlas desde esta perspectiva.

> **EJEMPLO**
>
> Pongamos que eres una operadora telefónica y un cliente te llama por un problema con la *wifi*. Si la incidencia no se solventa en la primera llamada; cuando el cliente vuelve a llamar debes evitar que tenga que repetir la información que ya aportó en el contacto anterior. Caben dos opciones: o le asignas un contacto único (es decir, que siempre le atienda la misma operadora) o registras su expediente de modo que cualquier persona del *call center* tenga acceso a él.

> **EJEMPLO**
>
> Si estás en el bus haciendo la compra del supermercado desde el móvil y te bajas, cuando llegues a casa deberías poder continuar la compra donde lo dejaste.

## Secuencia de tareas

En *Customer Experience* el orden de factores sí afecta al producto.

La visión global del viaje del cliente tiene otra dimensión: la secuencia de tareas, el orden de las experiencias. Según cómo las ordenes, lograrás una experiencia más o menos satisfactoria. Un orden óptimo puede facilitar el que el cliente se libere de tener que hacer otras tareas más adelante, y esto simplifica el viaje.

Otro ejemplo es evitar preguntar al cliente dos veces su nombre (pongamos el caso de un proceso de registro), o que tenga que hacer dos veces cola cuando esté realizando una gestión con interrupción.

## 4. ALINEADAS CON EXPECTATIVAS

¿Qué espera el consumidor de tu compañía?

Esto son solo ejemplos. Es muy importante conocer qué espera el cliente. Por muy bien que hagas las cosas, si sus expectativas son distintas no quedará satisfecho. Esto es lo que marca el umbral de lo que él espera de ti.

Cumplir expectativas tiene un doble efecto beneficioso:

- Genera satisfacción.
- Le facilita el trabajo al cliente, ya que se produce un alineamiento entre lo que él espera y lo que tú le das. Su mente está más preparada y su predisposición activada.

Muchas compañías creen que «hacerlo bien» es suficiente. Pero ¿qué es hacerlo bien? Eso lo marcan las expectativas del cliente. Pero ¿cómo conocerlas?

Hay varias opciones.

**Primero, repasa aquello que tú le has prometido**

No te vayas muy lejos que quizás el origen está en ti. El cliente va a exigirte lo que tú le prometes. Revisa cuándo y dónde has marcado el umbral. Quizás cuando hiciste ese maravilloso folleto con una foto de producto muy retocada, en tu último *spot* de TV, o en la respuesta a la llamada que hizo a tu servicio de atención telefónica. Si es así y no vas a poder cumplir, revisa lo que prometiste a la baja.

**Segundo, haz una lista de lo que tu competencia ofrece y es habitual en tu mercado**

Quizás tú no lo hayas marcado, pero como es habitual el cliente es lo que espera. Ante esto hay varias alternativas:

- Ofrécelo tú. Ejemplo: abrir los sábados.
- Avisa si no lo vas a hacer. Ejemplo: cartel en la puerta con horario de apertura de lunes a viernes.
- Igual a ti no te interesa ofrecerlo o no puedes, pero sé consciente de ello y actúa en consecuencia. Quizás ese no sea tu *target*.

## Tercero, pregúntale al cliente lo que espera

Pero ten cuidado: la gente no te suele decir cuáles son sus expectativas porque para ellos eso es «lo normal». Por eso a veces es mejor complementar la información preguntándoles a los diferentes departamentos de tu empresa que están en contacto con el cliente u observar cómo actuó tu cliente.

## Cuarto, piensa en los comportamientos que les son familiares a tus clientes

Hazlo en base a su cultura, origen, educación, tradición. Todo ello marca unas expectativas y unos comportamientos esperados. Los estereotipos tienen algo de verdad. Si tratas con alemanes quizás la impuntualidad genere insatisfacción mientras que si tratas con latinos, evidentemente no creará satisfacción, pero tampoco insatisfacción.

## Quinto, sé coherente. Sé previsible

La coherencia marca las expectativas. Si tienes un comportamiento coherente (es decir, marcas una línea de actuación que mantienes en el tiempo), será difícil que el consumidor espere de ti algo diferente a lo que le vas a ofrecer.

A veces, por mucho que lo intentes no es posible cumplir. Lo importante es ser consciente de ello y si no vas a poder cumplir, activar un plan. Te voy a dar varias ideas de planes alternativos.

## Plan 1. Actúa en el momento en que se crea la expectativa y cambia tus mensajes adaptándolos a la realidad

**EJEMPLO**

Cuando una persona llama al *call center*, avísala de los minutos de espera que le quedan y del puesto que ocupa en la cola.

Los restaurantes también lo hacen muy bien. ¿Sabes por qué nada más entregarte la carta te especifican lo que no está ya disponible? Para evitar que te crees unas expectativas y después no poder hacerlas realidad.

## Plan 2. Avisa si no puedes cumplir las expectativas

**EJEMPLO**

Si eres una tienda de comercio electrónico que solo sirve en determinadas zonas de la ciudad, asegúrate de que antes de que el cliente elija los productos a comprar le pides su distrito postal, no sea que no sirvas en su zona y él ya haya cargado el carrito.

## Plan 3. Compensa con otra experiencia que haga «olvidar» aquella en la que no cumpliste expectativas

**EJEMPLO**

Si eres una compañía aérea y a los clientes de *business* no les has podido ofrecer un embarque prioritario, al llegar al asiento ofréceles una copa de cava. Además, te voy a dar otro truco: mejor ofrecer las experiencias satisfactorias en una fase más avanzada del viaje del cliente que al principio porque el nivel de recuerdo será mayor. Hay que intentar que todas sean siempre satisfactorias, pero si no puedes, mejor dejarlas para el final.

## 5. CONSISTENTES

Antes de empezar a trabajar la *Customer Experience* debes tener muy claro qué tipo de compañía eres y cuál es tu posicionamiento, es decir, qué imagen quieres que tu cliente tenga de ti.

Es un ejercicio de compañía que debe ser previamente consensuado y asegurarte de que todos comulgan con él. A partir de ahí, lo que debes hacer es utilizarlo de guía y lograr que lo que diseñes y le ofrezcas al cliente sea coherente con ello.

Múltiples son las razones de por qué la consistencia es clave en la Experiencia Cliente:
- La *Customer Experience* es la suma de todas las interacciones que un individuo tiene con una compañía. La globalidad del viaje es lo que crea Experiencia, no una experiencia aislada.

- Un comportamiento consistente asegura unas expectativas alineadas.
- Refuerza el recuerdo de la experiencia.

## BEST PRACTICE: APPLE

Piensa en Apple. Poco más que decir, y no me refiero a las macrotiendas que tiene. Me refiero a algo que todas, absolutamente todas las compañías, deben y pueden hacer: ser coherentes en cualquier cosa que hagan. ¿Qué es Apple si no diseño y sencillez? Desde la experiencia de compra, al uso del producto, el pago... todo es sencillo, y hasta el nombre de sus productos: iPhone 5, 6, 7, iPad, iPhone, iPod, etc.

## 6. SENCILLAS

Ponles las cosas fáciles a tus clientes y a los que quieres que algún día lo sean.

Facilita la empatía. Las experiencias complejas no son satisfactorias. Evita que a las personas les suponga un esfuerzo.

Por eso, las experiencias que ofrezcas deben estar alineadas con la experiencia de la persona a la que se la ofreces y con su manera de expresarse. También es clave que aciertes con la duración y elimines complejidad.

Veamos cada uno de estos cuatro aspectos:
- Duración
- Complejidad
- Modelo de expresión
- Nivel de experiencia

## Duración

Cuanto menos tarde una persona en realizar una tarea, mejor. ¿Cómo se consigue esto? Hay varias maneras.

Las tareas pueden durar menos si facilitas el proceso de búsqueda. ¿Cómo? Organizando las diferentes alternativas, aplicando, por ejemplo, algunos de los criterios que a continuación te detallo:

- Por categoría
- Por producto
- Por *target*
- Por precio
- Por marca
- Por disponibilidad
- Por fecha de entrega
- Los que la gente compra habitualmente juntos
- Por nivel de ventas

........................................................................

### BEST PRACTICE: AMAZON

**Amazon es un ejemplo fantástico. Te permite filtrar tu búsqueda por múltiples criterios: precio, día de entrega, marca, valoración de los clientes, vendedor...**

........................................................................

Criterios de organización como los que te he mostrado anteriormente hay muchos. Elige el que le haga la vida más sencilla al cliente. Para ello antes debes analizar cómo busca.

Por ejemplo, algunas de las cadenas de *retail* utilizan los siguientes criterios haciendo subsegmentos:

- Cuando vas a una tienda Nike, verás que organiza sus productos según el uso que les vayas a dar: *running*, fútbol, *basket*.

- Las tiendas de Uniqlo destacan por la organización de las prendas por colores.
- Zara las organiza por *target*, es decir, hombre, mujeres, niños…

Una vez el usuario o cliente conoce las diferentes alternativas, lo siguiente es facilitar la elección, ayudándole a responder a la pregunta ¿con cuál me quedo?

Para ello, una opción es ofrecer criterios para valorar.

### BEST PRACTICE: AMAZON

Amazon también hace esto bien. Te facilitan la elección de varias maneras. Una de ellas es ofreciéndote valoraciones y comentarios de otros compradores y, en la ficha de productos, mostrando el detalle de las prestaciones y las características de las diferentes alternativas.

Otra alternativa para que las tareas duren menos es eliminar algunas de ellas.

### BEST PRACTICE: AMAZON

Amazon Go elimina directamente la tarea de hacer cola para pagar. Para comprar es necesario descargar una aplicación; es el único requisito, además de tener una cuenta de Amazon. Los consumidores usan la aplicación Go para entrar a la tienda, y una vez dentro, una combinación de sensores, visión computarizada y sistemas de aprendizaje profundo llevan el rastreo de lo que coges o devuelves de las estanterías. La aplicación contabiliza la compra que llevas a casa y emite el recibo en cuanto abandonas la tienda. La factura se cobra en la cuenta de Amazon de cada usuario.

Otro ejemplo es Amazon Dush, que elimina la tarea de hacer la lista de la compra e ir a la tienda. Es un mando con un botón y conectividad *wifi* asociado a un producto concreto de una determinada marca. Para comprarlo solo tienes que pulsar el botón y el pedido queda registrado [6].

Una cuarta opción es reducir el tiempo que el cliente tarda en realizar una tarea. Por ejemplo, cuando compras en algunas tiendas *online*, si ya estás registrado no tienes que introducir ni la dirección de envío ni el número de tarjeta de crédito. Simplemente añades el producto a la cesta de la compra y le das al clic.

La última manera de hacer que las tareas duren menos es ejecutar las tareas que tu empresa hace, en menos tiempo.

### BEST PRACTICE: AMAZON

Amazon vuelve a destacar, en este caso con Amazon Prime, un programa de suscripción anual con envío en 24 horas totalmente gratuito para productos que tienen la etiqueta Prime[7].

## Complejidad

La complejidad solo genera insatisfacción. Hay sectores de actividad, como los mercados financieros o las empresas de tecnología, que por su propia naturaleza son más complejos. Pero en todos hay tareas que como clientes o usuarios debemos hacer y que se nos hace pesado realizar. Pónselo fácil al cliente.

---

6   Fuente: www.amazon.es

7   Fuente: www.amazon.es

Esto no solo se aplica al lenguaje, a los grandes momentos, o a las tareas más relevantes. Es aplicable a lo más nimio. Por ejemplo, cuando vas al baño de un restaurante, ¿siempre encuentras la luz fácilmente? ¿Y cómo abres ese grifo súper moderno que no hay quien lo ponga en funcionamiento?

Hay diferentes maneras de evitar la complejidad.

- *Primero, analiza si es viable ofrecer menos opciones donde elegir.* Es solo una opción. Puedes hacer justo lo contrario, que es lo que hace Amazon, pero entonces deberás aplicar lo explicado en el apartado anterior.

### BEST PRACTICE: ALDI

¿Por qué Aldi y Lidl son considerados supermercados en los que es fácil comprar? Por su reducido surtido. Tienen muy pocas referencias. Esto, independientemente de otros efectos, hace el momento de la compra mucho más sencillo. Tardas menos en recorrer los pasillos, en encontrar lo que buscas, en elegir.

- *Una segunda opción es mostrar la oferta por partes.* Esto es muy útil cuando los procesos son largos o las opciones a ofrecer no puedes, o no quieres, reducirlas. En esto ayudan mucho el diseño y la manera en cómo presentas las diferentes alternativas.

### EJEMPLO

¿Sabes por qué los formularios *online* te muestran los campos a rellenar en diferentes páginas? Para evitarte la impresión de agobio que se produciría si te mostraran de una vez todo lo que debes rellenar.

- *Tercera idea: elige tú en lugar del cliente.* Hay tareas que puedes hacer tú en lugar del cliente. Esto puede costar dinero porque exige recursos humanos o tecnológicos, pero es una opción que puedes ofrecer, bien de manera gratuita o previo pago.

### BEST PRACTICE: NETFLLIX

¿Cómo te hace la vida más fácil Netflix? Detectando tus preferencias. Una vez que accedes al servicio por primera vez e indicas tres películas o series de tu gusto, el programa te ofrece recomendaciones basadas en tus preferencias personales.

- *Cuarta opción: reduce el número de gestiones a realizar por el cliente.* Hay procesos que están mal diseñados, con tareas innecesarias. Hazte la pregunta: ¿esto qué aporta? Descubrirás que hay cosas que puedes eliminar o diseñar de otra manera para simplificarlas.

### BEST PRACTICE: NETFLIX

Para acceder a la plataforma de Netflix solo debes pagar una tarifa plana mensual con acceso a todo el catálogo de forma ilimitada. No debes pagar más por películas de estreno ni por series especiales. Está todo incluido[8].

---

8    Fuente: https://help.netflix.com

## Modelo de expresión

Exprésate de forma que tu cliente te entienda. El lenguaje no es algo baladí. Es el vehículo con el que nos hacemos entender. Hay lenguaje técnico que debemos evitar y terminologías que complican la comunicación. Presta especial atención a ello. Tú lo puedes entender, tus compañeros de trabajo lo pueden comprender, pero la gente que compra tus productos no, o si lo consiguen es invirtiendo un tiempo y un esfuerzo que solo genera insatisfacción.

### BEST PRACTICE: ING DIRECT

ING, un banco con todas las complejidades de su sector, lo hace muy bien. Por ejemplo, facilita la comprensión a través de infografías. También Airbnb, hablando de huéspedes y anfitriones se expresa en un lenguaje coloquial.

## Nivel de experiencia

No todas las personas tenemos las mismas capacidades ni la misma experiencia. Por ello lo ideal es que las compañías den la posibilidad de elegir la opción que mejor se adapte a las capacidades y experiencia de cada uno. Las *webs* de recetas son un buen ejemplo, marcando niveles de dificultad para que la persona elija.

### BEST PRACTICE: CANDY CRUSH

Otro ejemplo de buena práctica es la compañía de juegos Candy Crush, que te muestra diferentes niveles según tu experiencia. Esto hace que el juego se adapte a ti, y no al revés, con el consiguiente efecto positivo en la satisfacción del usuario.

El cómo somos define lo que queremos y cómo lo queremos.

Hay experiencias que son más factibles de personalizar que otras. En cualquier caso, para lograrlo es condición necesaria tener la información del cliente que te permita conocerlo y poder así adaptarte a él.

Cuando hablamos de «experiencias personalizadas» nos referimos a que las experiencias estén adaptadas al cliente en base a cuatro criterios que detallaremos a continuación. Puedes ofrecérselas a todos o algunos de ellos. Depende del tipo de compañía que seas, de la información que dispongas del consumidor y de los recursos monetarios, humanos y tecnológicos con los que cuentes.

Veamos estos cuatro criterios de personalización:

* Quién es
* Cómo se comporta
* Qué le gusta
* Cómo lo quiere

**Quién es**

En este apartado entran muchas cosas.

Dependiendo de tu sector, de los recursos que como compañía tengas y de las herramientas que manejes (algunas tecnológicas) podrás activarlo o no.

Se trata de conocer aspectos como dónde vive, cómo se llama, en qué trabaja... e integrar dicha información en los contactos que tengas con él.

**EJEMPLO**

La geolocalización es un ejemplo de cómo ofrecer propuestas en base a dónde vive la persona a la que te quieres dirigir.

Otro ejemplo es felicitar al cliente el día de su cumpleaños, o adaptar los contenidos que le ofreces en tu web según las pautas previas de navegación que haya seguido, por ejemplo, adaptando tu *landing page* o página de aterrizaje a ello.

También Coca Cola es un ejemplo de iniciativa de personalización. ¿Te acuerdas cuando ofrecieron latas con tu nombre sobreimpreso? ¿Quién dijo que en el gran consumo no se puede personalizar?

## Cómo se comporta

Su comportamiento le define. Da pistas de lo que le gusta, lo que busca o quiere. Analizando el comportamiento de tu consumidor y teniendo información sobre ello, puedes adaptar lo que le ofreces.

**EJEMPLO**

Por ejemplo, si acudes con frecuencia a una tienda y siempre compras fruta fresca, el tendero debería, sin tú preguntarle, informarte de qué fruta de temporada tiene. También –y seguro que te encanta– que cuando vuelvas a aquel bar al que fuiste la semana pasada a tomarte un cortado, el camarero, tras saludarte con una sonrisa, te diga «¿un cortadito corto con leche desnatada»?.

Otro ejemplo es la publicidad programática. En base a lo que el cliente ha visto o hecho previamente en la Red (como buscar un billete de avión), adaptas la publicidad que le muestras. Esto puede llegar a ser molesto (por ello hay que saber cuándo parar) pero también tiene la ventaja de que muestras contenidos que se supone que interesan al usuario que está navegando.

....................................................................

## BEST PRACTICE: GOOGLE

**Google es un ejemplo magnífico ya que en base a tu historial concluye acerca de lo que te gusta y adapta los resultados de búsqueda que te muestra.**

....................................................................

## BEST PRACTICE: DOLLAR SHAVE CLUB

**Dollar Shave Club sabe que sus clientes se afeitan todos los días, o al menos con una periodicidad definida. ¡Qué mejor experiencia que ofrecerles la posibilidad de recibir en casa, con la frecuencia marcada por ellos, un paquete con el número exacto de maquinillas de afeitar que van a necesitar en los días venideros![9]**

....................................................................

## Qué le gusta

Asimismo, puedes ofrecerles diferentes experiencias según lo que les guste.

---

9    Fuente: www.dollarshaveclub.com

---

## BEST PRACTICE: AIRBNB/NIKE

Esto es lo que hace Nike ID ofreciendo la posibilidad de personalizar tus zapatillas de deporte eligiendo los materiales y colores que te gustan.

A su vez, Airbnb ofrece diferentes experiencias para disfrutar de tus viajes en base a tus preferencias: restaurantes, conciertos, clases...[10].

---

## Cómo lo quiere

Al consumidor le gusta sentir que tiene el control, que él decide. Y ello afecta a muchas cosas: cuándo quiere hacer las cosas, qué quiere hacer por él mismo, qué cosas prefiere que otros hagan por él e incluso qué persona quiere que le atienda cuando hace una gestión o una compra. Es importante dar posibilidad al cliente para que él elija la opción que prefiere.

---

## BEST PRACTICE: IKEA

Ikea es un buen ejemplo de cómo permitirle al cliente que decida lo que quiere hacer por sí mismo, ofreciendo cajas registradoras de auto pago o dándole la libertad de que él elija montar los muebles o un montador que lo haga por él.

---

### EJEMPLO

Ahora, cuando viajas en avión puedes emitir tú mismo las etiquetas para tus maletas en una máquina expendedora sin tener que pasar por los mostradores de fac-

---

10    Fuente: www.airbnb.es

turación. Puedes pensar: «claro y lo que ellos se ahorran de personal…». No olvides que te dan la posibilidad de que tú elijas; los mostradores siguen existiendo. Además, recuerda que la *Customer Experience*, para que sea posible tiene que generar experiencias satisfactorias al cliente y rentables para la compañía que las ofrece.

En cuanto a la posibilidad de que el cliente decida cuándo disfrutar de las experiencias, un ejemplo válido son las tiendas de comercio electrónico que te dejan elegir lugar y la franja horaria de recepción del pedido.

Algo que cuesta un poco más es la posibilidad de elegir quién te atiende. A todos los clientes nos encantaría que cuando llamamos a nuestro operador de telefonía o a nuestra compañía de seguros tuviéramos una persona asignada que conociera nuestro historial y evitar así tener que repetir lo mismo varias veces.

## 8. MEDIBLES

Sin medición vas a ciegas y con los objetivos no se juega.

Hay que intentar que cada una de las experiencias (y no me refiero solo a la *Customer Experience* en su totalidad sino también a experiencias concretas) puedan medirse, tanto desde la perspectiva de satisfacción del cliente como de impacto en negocio. No es fácil, ni todas se pueden medir, pero hay que intentarlo. Más adelante entraré en detalle de cómo hacerlo. Ahora quédate con la idea de que las experiencias deben ser medibles.

Volvamos al ejemplo de Inés y Ana.

## EJEMPLO
### Experiencia de Ana con una compañía de seguros

La compañía de seguros quiere vender 8.000 pólizas a un CPA (coste de adquisición de cada nuevo cliente) de 250€ para que sea rentable. Para ello, entre otras iniciativas lanzan un anuncio de televisión que invita a descargar una aplicación y vivir su experiencia de uso. Como quieren vender 8.000 pólizas, marcan un objetivo de 150.000 descargas de la aplicación. Un tercio de las descargas, es decir, 50.000, tienen que convertirse en usuarios activos si quieren que 8.000 usuarios les compren.

También cuelgan en su *web* vídeos didácticos para facilitar que el cliente y los usuarios conozcan las prestaciones de su seguro a través de una experiencia sencilla y fácil de entender en un lenguaje comprensible. Se aseguran estar en *blogs* que incluyan un enlace de llamada a su *web*. Esperan que el 10% *clique* en el artículo y se dirija su *web*.

Asimismo, envían un *mail* personalizado como muestra de la adaptación individual de sus experiencias. Marcan como KPI un CTR (porcentaje de usuarios que *clican*) de un 5% y un CPC (coste por clic) de 0,3€.

Todas estas acciones, junto con otras complementarias, esperan que generen 450.000 visitas a su web y gracias a ellas vender 8.000 pólizas.

Situemos algunos de estos KPI's (indicadores de gestión) en el diagrama de flujo que vimos en capítulos anteriores.

150.000 descargas de la aplicación

50.000 usuarios activos de la *App*

CTR (% de clic sobre impresiones): 10%

**1**

«Me descargo una *App*, que conocí a través de un anuncio de TV y que me generó muchísima curiosidad»

**2**

«Una *App* que cuando voy a la web, mide cómo conduzco. Me divierte muchísimo aunque a veces me desespera ver los resultados»

**3**

«Me gustó el planteamiento porque las compañías de seguros ignoran a los jóvenes, ni nos quieren, además son muy aburridas por lo que me sorprendió y navegué por la web. Empecé a rellenar el cuestionario pero no me decidí»

**4**

«De todas maneras, no los conocía mucho, y quise mirar blogs. Me generan confianza. Casualmente vi una publicidad de esta gente. Hablaba de los servicios de ayuda en carretera, justamente, lo que más miré en su web»

---

**EJEMPLO 2**
**Experiencia de Inés con una compañía de bebidas**

En el caso de la compañía de bebidas con Inés, marcan un KPI (indicador de gestión) de 1.100 pedidos. Ello exige una previsión de 102.000 visitas, ya que el ratio de conversión (porcentaje de usuarios que contratan sobre visitantes al portal) es cercano al 1%, con un CPA máximo de 10€ (coste de adquisición de cada nuevo cliente) para asegurar la rentabilidad.

VIABLES
Posicionamiento
Objetivo
Contexto consumidor
Capacidades monetarias
Procesos clave compañía
No siempre se trata de querer, a veces va de poder
Capacidades tecnológicas
Ventaja competitiva
Valores
Normativa
Capacidades humanas

RELEVANTES
Objetivo
Deseos
Inspírate en lo que tu cliente siente y quiere
Emociones
Valores

## VINCULADAS

## ALINEADAS CON EXPECTATIVAS

## CONSISTENTES

PERSONALIZADAS
Quién es
Cómo se comporta
El cliente elige
Cómo lo quiere
Qué le gusta

MEDIBLES
Sin medición vas a ciegas y con los objetivos no se juega

# 3. METODOLOGÍA DE DISEÑO CX3C

"El proceso de diseño de la CX es un engranaje vinculante donde no puede saltarse ninguna fase ni cambiarse de orden"

La *Customer Experience* no va de ponerse a diseñar o poner un buen ambientador en tu tienda o felicitar a Juan por su cumpleaños. Hay que aplicar una metodología en su proceso de desarrollo si queremos una toma de decisiones eficaz. Se trata de decidir en qué momentos ofrecer las mejores experiencias y cómo deben ser. Un trabajo meticuloso y serio que te voy a ayudar a aprender.



La metodología CX3C va dirigida a mejorar la eficiencia de tu plan de contactos con clientes y prospectos, siempre teniendo en cuenta tus objetivos de negocio y la satisfacción del consumidor, ya que es en ese espacio común donde debemos actuar. Encontrarás otras metodologías, aunque no demasiadas, porque muchos son los que hablan de la *Customer Experience* y pocos los que verdaderamente saben de qué trata y, sobre todo, cómo desarrollarla.

Muchas son las ocasiones de contacto que generamos con los clientes: ¿Son todas ellas necesarias? ¿Hay momentos clave donde no estamos y deberíamos estar? ¿El tipo de experiencias que ofrecemos es el adecuado?

Se trabaja desde una perspectiva omnicanal que vincula la creación de marcas, el manejo de métricas, la alternancia de canales digitales y analógicos, y el uso de tecnología. Se analizan procesos y se combinan diferentes disciplinas como el marketing programático, la omnicanalidad, el CRM o la investigación del mercado, tanto la tradicional como las introducidas gracias al mundo digital como el *social buzz* o la analítica web.

La metodología CX3C actúa sobre tres ejes de activación. Son las 3C's.

METODOLOGÍA CX3C

| CUÁNTO | CUÁNDO | CÓMO |
| --- | --- | --- |
| Decidir y medir el impacto en negocio y en satisfacción cliente | Elegir en qué momento de la relación poner el foco en las experiencias | Diseñar las experiencias |

Para poder activar estos tres ejes, la metodología CX3C pivota sobre seis elementos:

1. Las 3C's se agrupan en diez fases de trabajo.
2. En cada fase se recopilan datos que provienen de diferentes departamentos de la compañía, así como de fuentes externas, ya que todas las decisiones que se toman en la *Customer Experience* responden a datos e información.

3. Se lanzan preguntas cuyas respuestas, obtenidas a través de la lectura de los datos, guían las decisiones.

4. En cada fase se toman decisiones vinculantes que se convierten en hechos y condicionan las decisiones futuras. Hay un juego de *inputs* y *outputs* por fase.

5. Se trabaja con facilitadores, herramientas y disciplinas que permiten conseguir la información, tratarla, personalizar las experiencias, ejecutarlas y monitorizarlas.

6. Las decisiones se vuelcan en plantillas para ordenar los *outputs* de cada fase.

Veamos resumidamente cada una de ellas con ejemplos para facilitar la comprensión. En los siguientes capítulos te daré más información. Ahora lo importante es captar la visión global de la metodología. Poco a poco iremos profundizando en ella.

## 1. FASES

La continua interacción del consumidor, sea cliente o tenga posibilidades de serlo, en un contexto multicanal donde los impactos de marca se multiplican, exige «ordenar» y «diseñar» de antemano cómo y cuándo queremos que se produzcan dichos contactos para así obtener una experiencia cliente rentable y relevante.

Saber diseñar la Experiencia Cliente en nuestra compañía es tan importante que de ello depende en gran medida el que el cliente nos compre, que habiéndolo hecho repita y que nos recomiende a otros.

El proceso consta de diez fases. Las veremos en detalle. Ahora simplemente se trata de conocerlas. Cada una de estas fases nos permite responder a cada una de las 3C's.

## Cuánto

- Definición del objetivo CX. ¿Cuál es el objetivo empresarial que debe cumplir la *Customer Experience*? ¿Cómo definirlo?
- Medición. ¿Cómo medir el nivel de satisfacción global del cliente con mi compañía y la satisfacción en interacciones concretas? ¿Cómo conocer qué experiencias han contribuido en mayor medida a la satisfacción? ¿Cómo medir el impacto en el negocio de los clientes satisfechos?
- Monitorización. ¿Qué cuadros de mando diseñar para hacer un seguimiento de dichos KPI's, saber qué está sucediendo y por qué, y facilitar la adopción de las medidas correctivas adecuadas?

## Cuándo

- Gestión del *funnel* de compra. ¿En qué fase del embudo de compra se encuentra el bloqueo de ese segmento con tu marca y producto? ¿En qué fase cumplirás tu objetivo de su negocio?
- Arquitectura. Dentro de ese *funnel* de compra, ¿dónde ubicar las experiencias? ¿Cuándo ofrecerlas?

## Cómo

- Segmentación. ¿Cuál es el segmento de consumidores que te ayudará a alcanzar tu objetivo de negocio, y en consecuencia a dirigir tus experiencias?
- VOC. ¿Qué persigue ese segmento de cliente? ¿Con qué recursos cuenta tu empresa para asegurar qué experiencias son viables? ¿Qué oportunidades y restricciones te ofrece el entorno?
- Omnicanalidad. ¿En qué canales ofrecer las experiencias? ¿Cómo se integran?
- Diseño de experiencias. ¿Qué experiencias son las más relevantes para tu perfil de consumidor, viables para tu empresa y que logran tu objetivo?
- Implementación. ¿Cuál es la estructura organizativa más óptima? ¿Cómo asegurar que todas las experiencias estén vinculadas y que tu compañía esté preparada para lanzarlas?

---

Para asegurar que las experiencias que ofreces a tus clientes cumplen las características que vimos en el capítulo anterior, la metodología gira en torno a una idea clave: tomar decisiones vinculadas.

Hay un conjunto de entradas y salidas por fase.

Hay decisiones que son el resultado de una fase que luego sirven de *input* en las fases siguientes.

Por ello, las fases se ejecutan siguiendo un orden que no te puedes saltar.

---

El orden es el siguiente:

1
DEFINICIÓN
OBJETIVO CX
2
SEGMENTACIÓN
3
GESTIÓN DEL
FUNNEL DE
COMPRA
4
ARQUITECTURA
5
VOC
6
OMNICANALIDAD
7
DISEÑO
8
IMPLEMENTACIÓN
9
MEDICIÓN
10
MONITORIZACIÓN

## 2. DATOS

En cada fase se recopilan datos que provienen de departamentos diferentes y de fuentes externas. Los datos se consiguen gracias a los facilitadores. Es clave saber interpretarlos. Dependiendo del sector y de la compañía son diferentes. Yo te daré algunos ejemplos y tú los tendrás que adaptar a tu mercado; lo importante es saber elegirlos y analizarlos.

| EJEMPLO | |
| --- | --- |
| **MÉTRICAS MERCADO** | **MÉTRICAS CONSUMIDOR/CLIENTE** |
| ▪ Penetración | ▪ Top 3 of mind |
| ▪ Crecimiento | ▪ Notoriedad espontánea |
| | ▪ Consideración |
| | ▪ Preferencia |
| | ▪ Intención de compra |
| | ▪ % recuerdo publicitario |
| | ▪ Penetración |
| | ▪ Compra media |
| | ▪ Tasa de anulación |
| | ▪ Tasa de venta cruzada |

## 3. PREGUNTAS

En todas las fases se lanzan preguntas a contestar a través de la lectura de los datos que guían las decisiones.

**EJEMPLO**

**¿El ratio de conocimiento es alto pero la intención de compra es baja?**

Estadio Funnel

Por ejemplo, comparamos el ratio de conocimiento con la intención de compra. ¿El ratio de conocimiento es alto pero la intención de compra es baja? ¿Dónde diríamos que está el tapón en el *funnel* de la compra? Parece que en la compra, no en el conocimiento.

**EJEMPLO**

**¿Muchos fans pero poco tráfico a la web?**

Estadio Funnel

¿Qué pasa si tienes muchos fans pero poco tráfico a tu portal de *e-commerce*? ¿Dónde está el tapón en tu *funnel* de compra? Parece que conocimiento y preferencias está OK, pero no la compra.

VOC

¿Para qué nos puede servir detectar los términos más buscados por el consumidor en Google? Para detectar las motivaciones de compra de nuestros consumidores. Si por ejemplo trabajas en una compañía de cosmética y uno de los términos más buscados es «cremas faciales más recomendadas» es que la recomendación es un motivo de compra; o «seguros baratos» es que el precio es determinante en los seguros.

## 4. HECHOS

Para tomar las decisiones se trabaja con datos que alimentan el trabajo de cada fase, los *inputs*. Gracias a la gestión, tratamiento y análisis de dichos *inputs*, llegas a los *outputs*, hallazgos o decisiones tomadas en una fase.

Hay algunos *outputs* que se convierten en hechos: hallazgos o decisiones tomadas en una fase que son vinculantes y condicionan decisiones futuras. Estos tienen un papel clave. En todas las fases vamos tomando decisiones que pasan a ser vinculantes y que alimentan las decisiones futuras.

Por ello hay hechos que son *outputs* en una fase e *inputs* de otras.

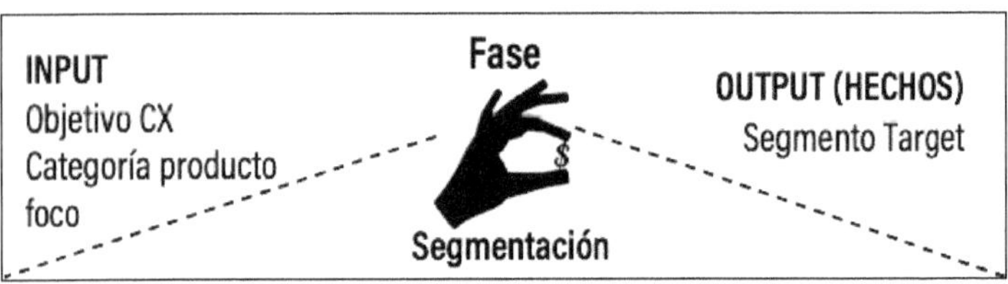


## 5. PLANTILLAS

Documento de trabajo que recoge los hechos y la información obtenida en cada fase para ser usada en fases siguientes. Posibilidades de diseño de plantillas hay muchos; recrea el modelo que tú veas más adecuado. Lo importante es registrar las decisiones tomadas en cada fase para que ello te facilite su uso en las siguientes.

## 6. FACILITADORES

En cada una de las fases se utilizan determinadas herramientas y disciplinas que te permiten conocer al cliente, obtener datos y métricas, segmentar, personalizar, activar y monitorizar.

¿Cómo llegamos a convertir el conocimiento del cliente y de la compañía en una experiencia? ¿Cómo, habiendo diseñado una experiencia, se la hacemos llegar al cliente? Gracias a los facilitadores, que aportan inteligencia y automatización.

Es muy importante enfatizar que no todos son impres-cindibles. En muchos casos se pueden diseñar y ejecutar experiencias sin varios de ellos. Es cierto que son útiles porque incrementan tu capacidad y productividad. Incluso hay cosas que sin ellos no podrías hacer, pero en muchos casos requieren de tecnología, de personal humano que sepa manejarlos y de recursos monetarios para pagarlos. Tú decides.

Te detallaré algunas de las disciplinas y herramientas que en temas de *Customer Experience* ejercen como facilitadores, pero hay más de los que te voy a enumerar. Es un mundo que no para de crecer y donde cada vez hay más opciones donde elegir. También haré una introducción sobre ellos, aunque no profundizaré. Son herramientas y disciplinas que por sí mismas tienen una amplia literatura detrás y libros especializados. Solo pretendo que sepas que existen para recurrir a ellos. Tampoco hace falta que seas un experto en ellos, pero sí tendrías que contar con gente que lo sea si decides utilizarlos.

A ellos les vamos a dedicar el capítulo siguiente.

# 4. FACILITADORES

"No te estreses. No hace falta que los conozcas todos. En tu organización habrá alguien que lo haga. Recuerda que la CX es un trabajo de equipo"

En el proceso de creación e implementación de las Experiencias Cliente tienes muchas tareas a realizar. En cada una de ellas te recomiendo que detectes qué disciplinas y herramientas te pueden facilitar estas tareas.

A continuación te muestro algunas de las tareas principales que debes desarrollar en el proceso de diseño e implementación de la Experiencia Cliente y ejemplos de disciplinas que te ayudarán en ello.

| TAREAS CX | | ALGUNAS DISCIPLINAS FACILITADORAS |
| --- | --- | --- |
| Conocer al cliente | → | 1. INVESTIGACIÓN DEL MERCADO/ CRM |
| Identificar al cliente | → | 2. ARQUITECTURA TÉCNICA DE INTERNET |
| Diseñar las experiencias | → | 3. TÉCNICAS DE INNOVACIÓN |
| Personalizar las experiencias | → | 4. MARKETING PROGRAMÁTICO |
| Ejecutar las experiencias | → | 5. ARQUITECTURA TÉCNICA DE INTERNET |

Por si no las conoces en profundidad, voy a darte una breve descripción de cada una de ellas.

## 1. Investigación de mercado

Son las diferentes técnicas que te permiten obtener información de tu *target* o perfil de individuos al que te diriges. Esta disciplina sí es imprescindible. Sin ella no podrás crear experiencias satisfactorias. El conocimiento del cliente, de tu compañía y del entorno es clave.

Yo las agrupo de la siguiente manera. Hay muchas. Estas son algunas:

| DEMOSCOPIA | TECNOLÓGICAS |
|---|---|
| ▪ Cuantitativas<br><br>▪ Cualitativas | ▪ Social Business Intelligence<br>▪ Analítica web<br>▪ Pautas de navegación |

### Técnicas cuantitativas

Las técnicas cuantitativas son estudios que apuntan a la medición, utilizando para ello técnicas estadísticas y lenguaje matemático. Permiten responder con precisión a preguntas como «cuántos», «quiénes», «con qué frecuencia», «dónde», o «cuándo», y asignar valores numéricos a hechos, hábitos, comportamientos u opiniones. Los datos se obtienen normalmente mediante:

- Panel. Un grupo amplio de informantes, previamente seleccionados y reclutados para el estudio, nos proporciona la información que deseamos, bien por correo electrónico u *online*.
- Cuestionario. Selección más aleatoria pero representativa del universo, telefónico, en la calle, *online...*

### Investigación cualitativa

La investigación cualitativa persigue obtener información enfocada a conocer el «por qué» de los comportamientos de los consumidores. También da mayor detalle sobre el «cómo». Ejemplos de técnicas cualitativas son:

* Reuniones de grupo. Varias personas en una sala.
* Entrevistas en profundidad. Entrevista personal con un solo interviniente.

### Social Business Intelligence

El Social Business Intelligence consiste en analizar y comprender las conversaciones que se producen en redes sociales sobre marcas, productos y opiniones de usuarios. Hay muchas herramientas que permiten acceder a dicha información, algunas gratuitas, como Social Bro o Hootsuite, y otras de pago, como Radian 6 o Brandchats.

### Analítica web

La analítica web es la medición, procesamiento, análisis y reporte del tráfico de una web. La analítica web no trata solo de medir el tráfico a nuestro sitio web, sino de entenderlo y analizarlo para tomar decisiones de negocio. Por ejemplo, ¿en qué página es mayor el tiempo medio de visita? Esto ya define una afinidad del usuario a unos contenidos u otros. O ¿cuál es la fuente de tráfico? Esto nos da pistas sobre su situación familiar, por ejemplo: ¿viene de un *blog* sobre padres primerizos?

## Pautas de navegación

Las pautas de navegación es el *traqueado* de la navegación en *webs* a través de *cookies* de terceros. Una vez captamos una *cookie* ya podemos conocer, entre otras muchas cosas, qué periódico lee o qué tipo de *webs* visita. Esto nos da mucha información sobre nuestro *target*.

## 2. CRM

El término CRM tiene muchos usos. Desde un punto de vista técnico es una aplicación o *software*, más o menos sofisticado, donde integras información sobre tu cliente y su comportamiento en forma de métricas: venta cruzada, compra media…, (los representativos de tu mercado), y las interacciones que tienes con él.

Veamos con dos ejemplos cómo estas dos disciplinas (el CRM y la investigación de mercado) nos sirven de facilitadores en la creación de la *Customer Experience*. Como te he dicho anteriormente, hay dos fases en la metodología de la CX (lo veremos más adelante en detalle) llamadas segmentación y gestión del *funnel* de compra. Te recuerdo las preguntas que estas dos fases nos van a responder:

- Segmentación. ¿Cuál es el segmento de consumidores que te ayudará a alcanzar tu objetivo de negocio y a dirigir tus experiencias?
- Gestión del *funnel* de compra. ¿En qué fase del embudo de compra se encuentra el bloqueo de ese segmento con tu marca y producto? ¿En qué fase cumplirás tu objetivo de negocio?

Cada una de estas disciplinas te aporta datos (los indicados son solo ejemplo de algunos de ellos) cuya interpretación te permitirá elegir el *target* al que ofrecer tus experiencias.

Tu CRM te puede aportar datos como el perfil de usuarios con mayor *ticket* medio o aquel con mayor venta cruzada, lo que puede ser información válida para elegir el perfil de clientes al que dirigir nuestras experiencias.

Por ejemplo, si tu objetivo de negocio paso por incrementar la compra media de tus clientes, deberías elegir como segmento al que dirigir tus experiencias aquellos perfiles con *ticket* medio de compra elevado. O si tu objetivo de negocio es reducir el número de clientes que te dejan de comprar, el dato de perfil de usuario con mayor tasa de venta cruzada será interesante para ti, ya que cuanto mayor es el número de tipos de productos que compra un cliente de una marca, menor es la probabilidad de que deje de ser comprador.

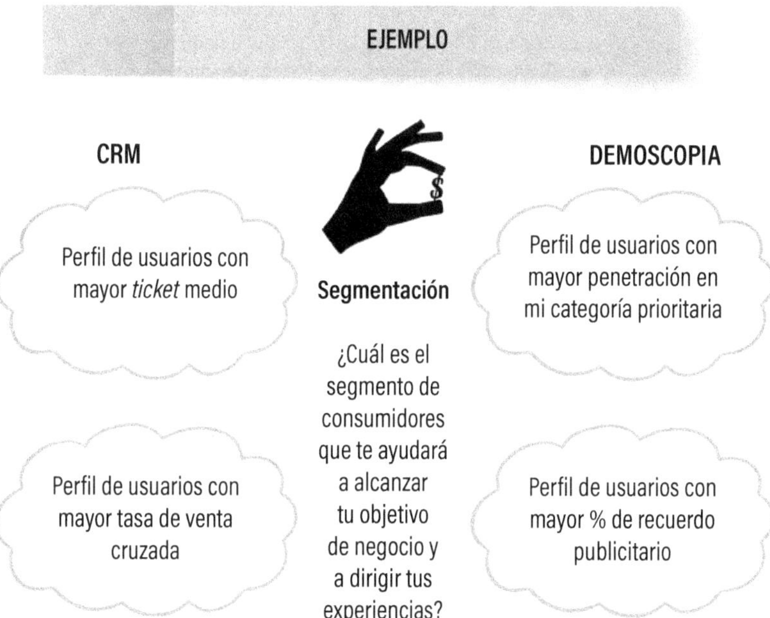

También, como hemos visto en el ejemplo anterior, podemos echar mano de técnicas demoscópicas. Métricas como el perfil de usuario que más compran la categoría de productos para la que vas a ofrecer experiencias o los que recuerdan más tus campañas publicitarias son una muestra de afinidad hacia tu producto.

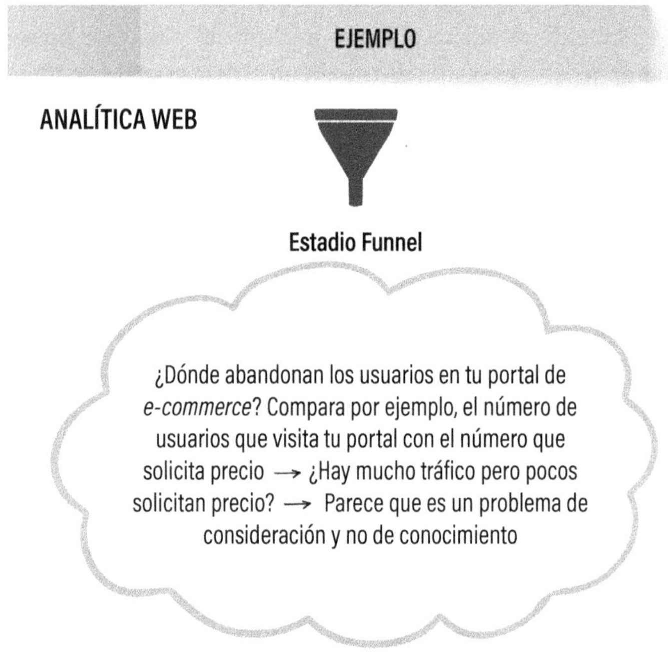


## 3. Arquitectura técnica de internet

Con ella nos referimos al papel que juega cada uno de los elementos principales que intervienen en la experiencia *online* del usuario (en concreto el navegador, la Red y el servidor), cómo se produce el intercambio de información entre el navegador y el servidor (las *cookies*), y el papel que juega cada uno en la experiencia de usuario en Internet.

## 4. Técnicas de innovación

Técnicas de innovación hay muchas. En el diseño de la Experiencia Cliente son importantes. Te indico algunas.

### Design thinking

Es una metodología que pivota sobre seis fases: 1. Observación, en la que se observa al cliente usando el producto; 2. Ideación, donde a través de *brainstorming* se lanzan ideas para cubrir las necesidades y requerimientos de los clientes; 3. Prototipar, en que se hace un prototipo para ser utilizado por el usuario; 4. *Feedback*, que recoge la opinión del cliente respecto al prototipo creado; 5. Iteración, donde se rediseña el producto/servicio gracias a todos los *feedbacks*; y, 6. Implementación, donde se presenta la solución final.

### Doble diamante

Está dividido en cuatro fases: 1. Descubrir, que ayuda a las personas a comprender cuál es el problema e implica hablar y pasar tiempo con las personas afectadas; 2. Definir, donde de entre todas las opciones de la fase descubrir, se elige lanzando preguntas como ¿qué es más importante?, ¿con qué debemos actuar primero?, ¿cuál es más factible?; 3. Desarrollar, alienta a las personas a dar diferentes respuestas al problema definido buscando inspiración en otros lugares y co-diseñando con una variedad de personas diferentes; y 4. Entregar, probando soluciones a pequeña escala, rechazando las que no funcionan y mejorando las que lo harán.

## Pensamiento lateral

En este caso, el proceso de innovación parte de ideas o realidades de una categoría, mercado o canales diferentes al tuyo y, a partir de ello, lo aplicas a tu realidad como fuente de inspiración. Así surgen ideas y conceptos diferentes que no se aplican en tu negocio ni en tu competencia directa. Un ejemplo es Nespresso, donde partiendo de una máquina de café de uso profesional (solo en bares y restaurantes) crearon una versión adaptada de uso en el hogar.

## 5. Marketing programático

Esta disciplina nos permite impactar al usuario en el momento preciso y en un contexto determinado condicionado a que pase algo. A nivel publicitario se utiliza mucho. Las dos técnicas más habituales son:

- *Retargeting*: impactar con tu publicidad a aquellas *cookies* que hayan interactuado con tu marca.
- *Publicidad contextual*: ubicar tu publicidad en artículos de prensa o contenidos que interesan a tu *target*.

**EJEMPLO**
**Experiencia de Inés con una compañía de bebidas**

### Publicidad contextual

La compañía de bebidas sabe que a Inés le gustan los contenidos relacionados con la gastronomía → Emite publicidad de Premium Mixer, uno de sus productos en la sección «Comidista» de El País → Inés lee dicha sección → Consigue su *cookie*.

Implementación

### Retargeting

Cuando la compañía de bebidas vuelve a encontrar dicha *cookie* la vuelve a impactar con publicidad.

Hay muchas herramientas de diverso tipo que te ayudan a gestionar tus Experiencias Cliente:

## Herramientas de integración de datos

Facilitan la tipificación, el registro y la consolidación de datos.

Te sirven para almacenar los datos y la información que después vas a utilizar en las diversas fases de diseño y en la toma de decisiones. Un ejemplo son los *data warehouse*. Muchas compañías los ofrecen: Oracle Warehouse Builder, IBM Websphere o Microsoft SQL Server Integration Server.

Los DMP son sistemas más avanzados que integran datos internos con datos que consigues en la Red. Son plataformas que almacenan, analizan y gestionan datos de diferentes fuentes, incluso de terceros. Ejemplo de compañías que venden tecnología DMP son Adobe, Krux, Lotame, Blue-Kai (Oracle), Exelate o Weborama.

## Inteligencia analítica y análisis

Permiten el tratamiento de los datos que previamente has almacenado para crear conocimiento y valor.

Es el caso del CRM. Un CRM o *Customer Relationship Management Software* es una herramienta de gestión de relaciones con clientes que trabaja unificando en una sola base de datos toda interacción que un negocio tiene con sus consumidores. Todos los grandes operadores como Oracle y Sales Force ofrecen este tipo de *software*.

## Herramientas de diseño

Facilitan las tareas de diseño.

Es el caso de los *Journey Builders,* que te permiten pintar gráficamente el viaje del cliente.

## Herramientas de activación

Permiten la ejecución industrializada de las experiencias.

*Sales Force* y *HubSpot* son ejemplos. Los propios CRM ofrecen esta funcionalidad y cuentan con gestores de campañas mediante los cuales una empresa puede planificar, probar y ejecutar campañas de marketing para mejorar su eficacia. Entre las herramientas de gestión de campañas de marketing más conocidas podemos incluir Marketo, Pardot, Hubspot y Eloqua de Oracle.

Otra herramienta son los *adservers*, servidores que permiten colocar anuncios dentro de los espacios publicitarios de los diferentes sitios *web*.

## Herramientas de monitorización

Ayudan a medir y mostrar los resultados.

*Business Objects* de SAP es un buen ejemplo. Es una herramienta de inteligencia de negocio para la gestión del rendimiento, la planificación, los informes, las consultas y el análisis.

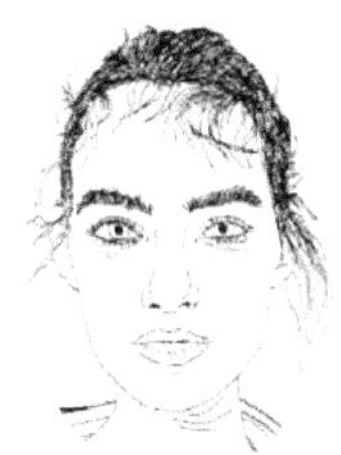

### DMP

Rosa entra en la web. Se almacena
la cookie en el DMP.

### CRM + DMP

Rosa se suscribe a la newsletter. Deja
mail. Se graba en el CRM y en el DMP.

### Marketing Programático

Rosa entra en un blog sobre
tratamientos faciales.

### DMP

Detecto que cookie y mail
pertenecen al mismo usuario.

### Gestor de campañas

Envío mail con oferta cremas y
un ritual de tratamiento.

Estos son solo ejemplos de herramientas que quiero compartir contigo para que seas consciente de que están a tu disposición junto con otras. Infórmate y habla con tus colegas de otras disciplinas para decidir cuáles utilizar.

La *Customer Experience* es muy transversal y esto es un ejemplo más de que necesitas de otros departamentos para desarrollar tu propio modelo.

# 5. FASES DE LA METODOLOGÍA CX3C

"La Customer Experience no va de ponerse a diseñar o de colocar un buen ambientador en tu tienda o felicitar a Juan por su cumpleaños. La Customer Experience exige método"

En este capítulo veremos en detalle cómo se trabajan las fases de la metodología CX3C para definir cada una de las 3C's:

## CÓMO, CÚANDO, CUÁNTO

Se pasa por diez fases con un orden fijo y definido que hay que seguir para asegurar que se toman decisiones encadenadas.

En el diseño e implementación de un modelo de Experiencia Cliente debes asegurarte de que cada una de las decisiones que tomas está supeditada a determinados hechos, que son precisamente los que te van a asegurar el éxito.

En cada fase hay un juego de *inputs* y *outputs*. Para tomar las decisiones se utilizan datos que alimentan el trabajo de cada fase. Son los *inputs*. Gracias a la gestión, tratamiento y análisis de dichos *inputs*, llegas a los *outputs*: hallazgos o decisiones tomadas en una fase. Por ello, hay hechos que son *inputs* en una fase y *output* de otras.

1. FASE OBJETIVO CX

2. FASE SEGMENTACIÓN

3. FASE GESTIÓN FUNNEL

4. FASE ARQUITECTURA

5. FASE VOC

6. FASE OMNICANALIDAD

7. FASE DISEÑO

8. FASE IMPLEMENTACIÓN

9. FASE MEDICIÓN

10. FASE MONITORIZACIÓN

Este orden no se elige por azar sino que responde a una lógica. Veamos lo que hay detrás.

Empezamos por definir el objetivo de negocio que perseguimos con la *Customer Experience*. Esto es determinante. Creamos Experiencias Cliente porque dichas experiencias son beneficiosas para nuestras compañías. Si no, a la larga no sobrevivirás. De ahí que esto sea el punto de partida.

El siguiente paso es definir a qué perfil de cliente ofrecerle las experiencias. Esto es así por una doble razón:

- Asegurar que elegimos el perfil de cliente que nos va a ayudar a hacer realidad el objetivo.
- Diseñar experiencias que sean relevantes y estén alienadas con expectativas. Lo que quiere y espera Santi no es lo mismo que lo quiere Roberto. Por ello, el perfil de cliente condiciona las experiencias que vamos a diseñar.

A continuación debes identificar en qué fase de la relación con tu marca/producto está ese segmento de consumidor. La idea de la Experiencia Cliente es llevar a tu cliente de manera inteligente por las diferentes fases del *funnel* de compra hasta llegar a aquella fase en que tu objetivo de negocio se hace realidad.

En las diferentes fases del *funnel* el cliente realiza muchas acciones. Por ello debes conocer qué pasos da ese perfil de cliente cuando se relaciona con una categoría como la tuya. Las experiencias las debes ofrecer en los momentos que tú creas conveniente. Esta es la fase de arquitectura.

A continuación, debes profundizar en el conocimiento de tu segmento de cliente, de tu compañía y del entorno. Debes asegurar que las experiencias que diseñas cumplen las ocho características que vimos en el capítulo 3. Esta fase es determinante para lograrlo.

En la fase de omnicanalidad debes elegir, de los canales que hayas detectado que tu *target* utiliza, en cuáles ofrecer las experiencias. Ello exige tener unos criterios de selección de canales. Lo veremos más en detalle.

Una vez sepas cómo es tu cliente, tu compañía y el entorno, cuándo ofrecer tus experiencias y en qué canales, entrarás en la fase de diseño.

Las fases de medición y monitorización te permiten medir resultados, y en la fase de implementación deberás asegurarte de que tu compañía está preparada para ofrecer las experiencias al cliente de una manera exitosa evitando ineficiencias e incoherencias.

Veamos en mayor detalle cada una de ellas.

## FASE 1. OBJETIVO DE NEGOCIO

"Sin objetivo de negocio no hay Customer Experience"

| INPUT | OUTPUT |
| --- | --- |
| ▪ Objetivo de negocio | ▪ Objetivo CX<br>▪ Categoría de producto |

Pasemos ya a la primera fase de diseño de Experiencias Cliente. Llega ese «deseado lunes» donde te pones manos a la obra con tus compañeros con el encargo de diseñar las experiencias de tus clientes y de los que quieres que lo sean.

¿Por dónde empiezas? Por recuperar el objetivo de negocio que tu compañía ha marcado en el plan estratégico. La Experiencia Cliente es una parte más de tu estrategia de compañía y por ello debe actuar como facilitador de dicho objetivo. Si no lo has definido, lo debes definir. Y bajo mi perspectiva, el objetivo de negocio que te marques debe tener un impacto en el EBITDA, es decir, ayudarte a vender más o vender más barato. Si no, en mi opinión el objetivo no es el adecuado. ¿Y qué variables impactan en el EBITDA? Tres:

- Facturación
- Margen bruto
- Gastos operativos y comerciales

Incluso puedes considerar otras partidas, como los gastos fijos o los alquileres, donde el impacto de la *Customer Experience* es más difícil, aunque no imposible (léase, por ejemplo, las compañías que para facilitar la experiencia de compra abren un *e-commerce,* con el consecuente efecto reduccionista en alquileres y personal en tienda).

No te digo que el objetivo de cada experiencia, de cada interacción, tenga un efecto directo sobre alguna de estas tres partidas de tu cuenta de explotación; me refiero a la *Customer Experience*. Recuerda que una experiencia no es Experiencia Cliente; la *Customer Experience* es la suma de varias interacciones.

Una vez tengas definido el objetivo de tu negocio, pasas a definir el objetivo de la *Customer Experience*.

**EJEMPLO**

Pongamos que tu objetivo de compañía es incrementar la facturación un 5%. Hay muchas alternativas, caminos que te pueden llevar a vender más y que puedes considerar como objetivo de tu *Customer Experience*. Ejemplos:

- Vender más, cambiando el perfil de tu cliente. Puede darse el caso de que tienes un perfil maduro que no es un gran usuario de tu categoría y quieras ir a otro que sea más afín a tu producto.
- Vender más consiguiendo que tus consumidores te recomienden.
- Vender más incrementando la capilaridad de tu distribución.
- Vender más incrementando la compra media de tus clientes.

Te puedes imaginar que detectar esto es clave porque las experiencias a diseñar serán totalmente distintas en cada uno de estos casos.

Es también en esta fase y a través del análisis que en ella hagas donde debes decidir en qué categoría de producto vas a focalizar tus experiencias. Ello se debe a dos razones:

- No todas las categorías de producto que vendes te facilitan la consecución de tu objetivo de la misma manera. Por ejemplo, si tu objetivo pasa por incrementar el valor medio de compra de tus clientes, deberás poner foco en categorías con precio medio más elevado.
- Las experiencias a ofrecer son distintas según el producto o servicio al que se dirijan. Si eres una compañía de moda, la categoría de ropa para embarazadas exige un tipo de experiencias distintas que la ropa para *running*.

## FASE 2. SEGMENTACIÓN

"Segmentos de clientes diferentes, Experiencias Cliente diferentes"

| INPUT | OUTPUT |
|---|---|
| Objetivo CX<br>Categoría de producto | *Target* |

**Tienes que elegir el perfil de clientes que mejor cumple tus objetivos de negocio, ofrezca mayores oportunidades de mercado y sea afín a tu marca.**

Los perfiles que cumplan estas tres condiciones y estén en el espacio de intersección común son los que te interesan. Y es importante que los detectes porque a segmentos de clientes diferentes, experiencias cliente diferentes. Si no no conseguirás que sean relevantes ni estén alineadas con expectativas.

¿Cómo los detectas? Analizando métricas y eligiendo aquellas que más te ayudan a visualizar qué posible segmento cubre en mayor medida ese espacio común de intersección.

Los datos y las métricas provienen de muchos departamentos con responsables diferentes y del uso de disciplinas muy diversas (CRM, técnicas de investigación de mercado...). Se trata de compilar todas las métricas que te permitan visualizar el *target* que mejor te ayudará a cumplir dicho objetivo de negocio, afín a tu marca y que mejor aproveche las oportunidades de tu mercado.

Una vez compiladas, se pasa al análisis, con preguntas que intentan detectar el *target* que te interesa.

Las métricas que te permiten visualizar el segmento con mayor potencial para cumplir tu objetivo de negocio dependen evidentemente de qué objetivo de negocio tengas.

**EJEMPLO**

Si tu objetivo es crecimiento rentable, posibles preguntas que la lectura de las métricas te deben responder son:
- ¿Cuál es el perfil usuarios con mayor *ticket* medio?
- ¿Cuál es el perfil de usuarios con menor número de impactos hasta conversión?
- ¿Qué perfil de usuarios tiene una mayor tasa de venta cruzada?

Si fuese digitalización, las métricas deberían responder a preguntas tales como:

- ¿Cuál es el perfil de usuarios con mayor peso en *e-commerce*?
- ¿Cuál tiene mayor número de aplicaciones en su escritorio?

Las oportunidades de mercado se encuentran normalmente en aquellos segmentos con peso elevado en volumen, en valor o potencial de crecimiento. Por ello, las métricas que miden la oportunidad de mercado suelen ser, por ejemplo:

- Compra media
- Evolución de la penetración de ese segmento en la categoría
- Número de productos comprados por acto de compra
- Grado de repetición

En referencia al tercer eje, afinidad a la marca, se trata de asegurar que el cliente que eliges como prioritario por ejemplo comparta contigo valores, tenga intención de comprarte, aunque todavía no lo haga, o le guste lo que transmite tu marca.

Esto lo puedes medir con métricas como:

- Preferencia de marca
- Nivel de recuerdo publicitario
- Intención de compra
- Afinidad a valores

De esta manera, gracias al análisis de las métricas representativas de estos tres ejes detectas qué perfil de cliente se comporta mejor en ellas y lo eliges como segmento de cliente prioritario.

No se trata de que tú conozcas todas las métricas; recuerda que la *Customer Experience* es transversal. Lo único que tienes que saber es bucear entre los compañeros de trabajo de todos los departamentos y pedirles que te suministren métricas que permitan detectar segmentos de clientes.

## FASE 3. GESTIÓN DEL FUNNEL DE COMPRA

*"Lleva al consumidor de la mano desde la fase donde se atascó hasta donde tus objetivos de negocio se hagan realidad"*

| INPUT | OUTPUT |
|---|---|
| • Objetivo CX<br>• *Target*<br>• Categoría | • Fase tapón<br>• Fase objetivo |

La siguiente fase en el diseño es detectar en qué estadio del *funnel* de compra se encuentra tu segmento de cliente en relación a tu marca. El *funnel* de compra consta de diferentes fases por las que pasa el consumidor. Un ejemplo es el que indico a continuación, aunque dependiendo del sector cambia ligeramente:

En la *Customer Experience*, donde las relaciones con los consumidores se construyen sobre la base de todo el *funnel* de compra de manera coherente y vinculada, es clave detectar en qué fase del *funnel* se encuentra el consumidor con tu marca.

Esto es determinante porque la estrategia para trabajar el conocimiento (ejemplo, televisión) es diferente para la consideración (ejemplo, prueba de producto) que para la preferencia (ejemplo, trabajar con prescriptores) o la compra (ejemplo, promociones).

......................................................................

**Si quieres gestionar con éxito tus Experiencias Cliente debes detectar dos cosas en relación al *funnel* de compra: cuál es la «fase objetivo» y cuál es la «fase tapón».**

......................................................................

La *fase objetivo* es aquella fase en la que tu objetivo se hará realidad. Dependiendo de tu objetivo y de si el individuo al que te diriges es ya cliente o no, esa fase será diferente. El objetivo de negocio afecta muchísimo a cuándo ofreces las experiencias a tus clientes, es decir, en qué fase del *funnel* actuar. ¿Por qué? Entre otras cosas porque es prioritario ofrecer experiencias satisfactorias en aquellas fases del *funnel* donde tu objetivo se va a hacer realidad.

La *fase tapón* es la fase donde está el bloqueo del consumidor con tu producto y que te impide hacer realidad tu objetivo. Si el objetivo final de tu marca es que el consumidor te compre, ¿por qué no lo hace? ¿Es porque no te conoce? ¿Te conoce pero no te prefiere? Y si lo hace, ¿repite y te recomienda?

Esto es así porque en el viaje que diseñes, salpicado de experiencias, tienes que asegurarte de que creas un circuito de experiencias que llevan al consumidor desde la fase tapón a la fase donde tu objetivo se hace realidad.

**Fase tapón**
Origen relación

**Fase objetivo de negocio**
Destino

Evidentemente, las fases dependen tanto de tu producto como del *target* al que te dirijas. De ahí que estos sean los *inputs* de esta fase.

Como he dicho antes, en todas las fases se lanzan preguntas a contestar a través de la lectura de los datos que guían las decisiones. ¿Cómo manejas y lees la información en esta fase? Lo haces a través de diversas herramientas, como algunas de las indicadas a continuación.

**EJEMPLO**

- CRM: por ejemplo, si tienes muchos clientes pero poca venta cruzada y tu objetivo de la *Customer Experience* es generar repetición en tus clientes actuales, podría ser interesante trabajar la relación.
- Investigación de mercado como el *tracking* de marca para ver *ratios* de notoriedad o preferencia, o las reuniones de grupo para detectar los *insights* (motivación última que lleva al consumidor a realizar una acción).
- Redes Sociales: si tienes muchos fans la consideración de tu marca es elevada pero ¿cuánto tráfico viene de RRSS a tu *web*? Si generas poco tráfico, tu problema puede ser de preferencia.
- Analítica *web*: por ejemplo, si tienes *e-commerce* puedes ver dónde se te caen los clientes.

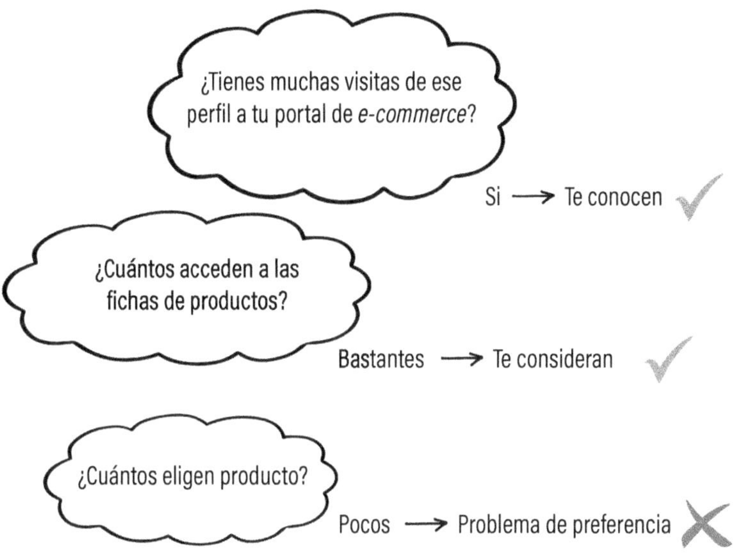


## FASE 4. ARQUITECTURA

"Es en los pasos que el cliente hace cuando interactúa con tu categoría donde debes ubicar las experiencias"

| INPUT | OUTPUT |
| --- | --- |
| ▪ *Target*<br>▪ Categoría<br>▪ Fase tapón<br>▪ Fase objetivo | ▪ Detalles pasos *funnel* |

La arquitectura es el detalle del *funnel* de compra y permite visualizar las etapas y los pasos que el cliente realiza cuando se relaciona con tu categoría de producto.

La arquitectura se compone de tres niveles, que son simplemente diferentes niveles de detalle:

| FASES DEL FUNNEL DE COMPRA | PASOS | ETAPAS |
| --- | --- | --- |
| Lo que hemos visto en el capítulo anterior. | Detalle de acciones que hace un individuo cuando se relaciona con una categoría de producto. Son los pasos que da una persona cuando investiga, accede, compra, usa o recomienda un servicio o producto.<br><br>Las acciones de los clientes son centrales para el «mapeo» del ecosistema. Es en los pasos donde se producen las interacciones entre el cliente y la compañía. | Es la agrupación de varios pasos. |

La arquitectura cambia según la categoría, y dentro de una misma categoría según el segmento de cliente, ya que el comportamiento de las personas cambia según su perfil. Por ello el segmento y la categoría son dos de los *inputs* de esta fase. Además, considerar cuáles son la fase tapón y la fase objetivo es clave porque la arquitectura que diseñes deberás detallarla más para esas dos fases.

Veamos un ejemplo.

EJEMPLO
Arquitectura de María con una cadena hotelera

Fase Conozco

Recuerdo los hoteles que conozco

Busco consejo

Navego por internet

Repaso cadenas de hotel donde me he hospedado previamente

Recuerdo la publicidad que he visto

Miro las cadenas con las que mi compañía tiene acuerdos

Pregunto a mis compañeros

Pregunto a mi marido

Introduzco en Google destino

Selecciono las opciones de búsqueda que Google me ofrece

Fase Considero

Evalúo ubicación

Analizo los precios

Selecciono alternativas

Busco dirección

Ubico hotel en ciudad

Analizo perfil del barrio

Miro precios

Calculo precio viaje

Hago pre-selección

Guardo alternativas

Reviso selección

No hay un límite en el diseño de la arquitectura: cuánto más se detalle, más oportunidades encontrarás, pero también será más difícil de gestionar. Te recomiendo empezar diseñando Experiencias Cliente para una arquitectura más simple y más adelante hacer arquitecturas más complejas y completas. Por ello al principio las compañías suelen:

- Hacer una arquitectura para un *target* genérico.
- No detallar demasiados los pasos, o si los detallas, no interactuar con tu cliente en todos ellos, o si lo haces porque así se requiere, elegir en qué pasos volcar más recursos y en cuáles menos.

La arquitectura es clave por varias razones:
- Porque define el momento en que interactuar con el cliente. Es en los pasos donde se producen las interacciones.
- Por oportunidad, es decir para buscar oportunidades de contacto.
- Por eficiencia, es decir:
  - Para acertar cuándo interactuar y poner foco. Las compañías generan muchas interacciones que no son necesarias o destinan recursos a otras donde no toca o se olvidan de estar en momentos clave.
  - Porque permite detectar las dependencias entre pasos.
  - Porque permite vincular las experiencias.

Como te he dicho antes, la arquitectura es distinta para cada producto y *target* de tu compañía.

Es diferente para cada *target* al que te diriges porque la arquitectura representa los pasos que el cliente da cuando se relaciona con tu compañía, y no todo el mundo tenemos el mismo comportamiento en relación a un mismo producto. Lo que cada persona hacemos cuando compramos marcas o nos relacionamos con ellas es diferente.

Asimismo, los pasos que el cliente da son distintos según el producto. Si eres una compañía de seguros, la arquitectura será diferente para un seguro de coche que para un seguro de salud. Si eres Samsung, la arquitectura de los televisores será distinta a la de los móviles. Si eres una compañía de moda, la arquitectura será distinta para los vestidos de fiesta que para la ropa casual.

Para qué productos la arquitectura sea diferente, te lo dirá tu consumidor o cliente, ya que dependerá de su comportamiento de compra. Es muy importante que clasifiques los pasos en varios tipos ya que ello te servirá de guía para decidir en cuáles de ellos priorizar tus experiencias. Es determinante que sepas elegir los pasos donde priorizar tus experiencias. Sigue tu criterio ¡pero elige bien!

## MOT

Son aquellas etapas o pasos cuya resolución mueve la aguja de la satisfacción y genera una acción.

Son momentos clave de interacción entre una compañía y un individuo con mayor peso en la generación de la satisfacción o insatisfacción del cliente que le lleva a tomar una acción determinante para la compañía (contratar, recomendar, darse de baja...).

Ejemplo: siniestro en seguros, pérdida de maletas en un viaje...

....................................................................................................

## PASOS HIGIÉNICOS

Su presencia implica neutralidad, su ausencia insatisfacción.

Se consideran necesarios en la categoría; es lo que el consumidor espera y asocia a determinado sector.

Ejemplo: Elijo caja de pago en el supermercado. Si hay cola se generará insatisfacción. Si no hay, no afecta a mi nivel de satisfacción.

....................................................................................................


....................................................................................................

## PASOS MOTIVACIONALES

Su presencia implica satisfacción, su ausencia neutralidad.

Su presencia supone un valor añadido para el cliente, que se traduce en una satisfacción adicional.

Ejemplo: Hago la cesta de la compra en mi supermercado *online*. Si introduzco menú y me rellena automáticamente la lista, sentiré satisfacción. Si no lo hace, no me generará insatisfacción.

....................................................................................................


## FASE 5. VOC

"Todas las decisiones que se toman en la Customer Experience responden a datos e información"

| INPUT | OUTPUT |
|---|---|
| ▪ *Target*<br>▪ Categoría<br>▪ Objetivo<br>▪ Detalles pasos *funnel* | ▪ Información de cliente, compañía y entorno |

Llegados a esta fase ya sabes a quién dirigirte y cuándo hacerlo. La fase de la VOC te ayuda al cómo. El objetivo de esta fase es conseguir información clave para asegurar que las experiencias que ofrezcas sean relevantes para el *target*, personalizadas, alineadas con expectativas, sencillas y viables. Se trata de conocer en profundidad al *target* y su comportamiento para la categoría de producto objetivo, a tu compañía y al entorno. Dicha información luego será utilizada como *input* en las fases de omnicanalidad y diseño.

En concreto, estos son los datos que te recomiendo que compiles.

## Conocimiento del «target»

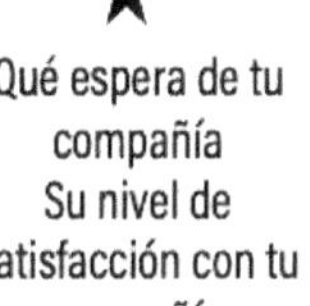


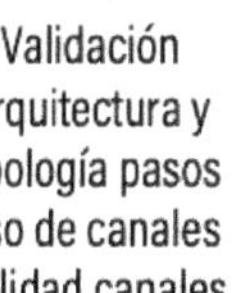

## Conocimiento interno

| Marca | Compañía | Producto |
|---|---|---|
| ★ | ★ | ★ |
| Posicionamiento de tu marca | Procesos clave<br>Ventaja competitiva<br>Valores<br>Recursos<br>Capacidades | Características categoría producto |

## Conocimiento del entorno

| Condicionantes o habilitadores externos | Contexto de uso |
|---|---|
| ★ | ★ |
| Leyes, Restricciones urbanísticas, Diseño espacios públicos... | En qué contexto se relaciona el cliente contigo: ubicación, estado de ánimo... |

¿Qué hechos condicionan tu búsqueda de información y, en consecuencia, cuáles deben ser los *inputs* de esta fase?

- Tu *target,* ya que toda la información debe ir enfocada a conocer a gente como él.
- La categoría de producto, por lo mismo que lo anterior.

- El objetivo de negocio, sobre todo para el análisis de tu compañía. Si quieres, por ejemplo, crecimiento rentable, debes detectar los procesos de compañía con menor consumo de recursos. Si el objetivo de la Experiencia Cliente es crecer en determinadas zonas geográficas o en determinados canales como el digital, deberás detallar tus capacidades tecnológicas.
- El detalle de las acciones del *funnel* sobre todos los pasos higiénicos y motivacionales, porque, por su criticidad, necesitas profundizar en ellos.



*"Tú y tu cliente decidís en qué canales estar, y no los canales"*

| INPUT | OUTPUT |
| --- | --- |
| ▪ Canales utilizados *target* | ▪ Canales seleccionados |

En esta fase vamos a decidir *dónde*, es decir, en qué canales ofrecer tus experiencias. Hasta ahora hemos visto a qué personas ofrecerlas y cuándo ofrecerlas.

Gracias a la fase de la VOC, conoces los canales que tu *target* utiliza en cada una de los pasos que da cuando se relaciona contigo. Por ejemplo, volvamos al ejemplo de María con una cadena hotelera.

¿La cadena hotelera debe estar en todos los canales que utiliza María en este paso? No tiene por qué. Cuantos más canales, mayor coste. Cuantos más canales, más complejidad. Tú y tu cliente decidís en qué canales estar, no los canales por ti.

La omnicanalidad es una realidad, pero no tienes la obligación de estar en todos los canales. Tú eres el que establece las prioridades. Eso sí, elige bien. Ahora creo que hay un furor excesivo por intentar estar en todos. ¿Cuáles eliges para focalizar tus experiencias? ¿Por qué eliges estos y no otros?

....................................................................................

**La omnicanalidad es la integración rentable de canales facilitando caminos que se interrelacionen para que un consumidor que eligió iniciar un contacto por una vía pueda continuarlo por otra.**

....................................................................................

La omnicanalidad se basa en una idea: que el cliente pueda moverse entre canales permitiendo que un contacto que inició por un canal pueda continuarlo por otro.

Pero detrás de esta definición hay tres premisas que se deben cumplir:

1.  Estar en línea con lo que el cliente quiere
2.  Facilitar la interconexión entre canales
3.  Impacto positivo en negocio

Evidentemente, lo primero es facilitar la vida al cliente. Pero no solo eso: los canales deben estar técnicamente preparados para facilitar este tránsito, y para ti como compañía debe ser rentable. Por eso, antes de elegir los canales donde estar presente tienes que hacer un análisis previo de en qué medida cada uno de los canales posibles cumple estas tres premisas. Veamos cada uno de estos criterios de selección.

## 1. Estar en línea con lo que el cliente quiere

### VISIÓN CLIENTE

Nivel de uso del canal por el *target*

Objetivo que el cliente persigue

Lenguaje que el cliente entienda

Nivel experiencia y habilidades del cliente con tu categoría

Contexto en que el cliente hace la tarea

Para cada uno de los canales que sabes que tu *target* utiliza tienes que evaluar el nivel de cumplimiento de cada uno de estos requerimientos:

- Nivel de uso de cada canal por el *target*. No todos tienen el mismo nivel de importancia para él.
- Objetivo que el cliente busca. Si eres una compañía de seguros y en la fase de consideración el cliente busca una valoración «neutral», quizás debas estar en los comparadores de seguros.
- Lenguaje que el cliente entienda. Quizás debas tener tiendas físicas si vendes un producto financiero complicado. Es lo que persigue ING Direct con sus sucursales bancarias.
- En línea con experiencia que la persona tenga; quizás no esté habituado a las *Apps*.
- Alienados con el contexto en que el cliente hace la tarea. Si el uso es al aire libre y eres Nike, quizás debas ofrecer experiencias en *Apps*.

Veamos el ejemplo de María y la cadena hotelera. Dijimos que en el paso «Recuerdo la publicidad que he visto», cuatro son los canales con los que Ana interactúa en este paso: televisión, radio, revistas y Facebook. Un posible análisis para el *target* representado por María, podría ser el siguiente:

- Nivel de uso del canal por el *target*: TV, intermedio. Facebook está presente. Radio, poca. Revistas, alto.
- Objetivo que el cliente persigue: El objetivo que persigue María cuando recuerda publicidad es «hacerlo sin esfuerzo». La publicidad de las cadenas hoteleras en TV y revistas suele ser atractiva de promedio, y en consecuencia notoria. En Facebook y en la radio ya cuesta algo más.

- En temas de lenguaje y experiencia, todos serían factibles. Los hoteles es un producto sencillo de entender; cualquier canal es adecuado para comunicar.
- Alineado con el contexto en que el cliente hace la tarea. En este caso, la tarea es recordar la publicidad. María lo hace antes de la contratación y delante del ordenador o del móvil. Facebook, al ser un canal digital, es el que mejor se posiciona.

## 2. Facilitar la interconexión entre canales

### VISIÓN CANAL

Naturaleza del canal para interconectar con otros canales
Canales generadores de datos del cliente a utilizar en otros canales

Hay canales que son más fáciles de conectar técnicamente entre ellos que otros (redes sociales, *web*, *mail*) y otros más difíciles (televisión). Muchas veces, el conectar un canal con el otro depende de que hayas conseguido el dato en otro canal. Por ello, el decidir si estar o no en un canal puede depender de la facilidad del canal para obtener datos del cliente. Obtener datos es importante porque permite personalizar las experiencias.

## 3. Impacto positivo en negocio

### VISIÓN COMPAÑÍA

Facilitador de tus objetivos de negocio

Potenciador de tu ventaja competitiva

Procesos internos preparados

Capacidades monetarias disponibles

Capacidades humanas disponibles

Capacidades tecnológicas disponibles

Alineamiento con posicionamiento de compañía

Valorar si un canal genera rentabilidad o no para tu compañía no es tan fácil, ya que los canales están interconectados y el cliente se mueve entre ellos. ¿A qué canal asignarle la venta o el ahorro de costes? No es sencillo. No obstante, una manera de conocer el impacto positivo de un canal para tu negocio pasa por evaluar cada uno de los siguientes elementos:

- Facilita objetivos del paso que el cliente está dando. Por ejemplo, si pertenecen a la fase de conocimiento, la televisión puede ser interesante; si consideración, redes sociales; si lo que buscas es incrementar la confianza de tu *target* en tu compañía, quizás blogs; si diversión, por qué no aplicaciones móviles.
- Potencia tu ventaja competitiva: si tu ventaja es la capilaridad, potencia las tiendas físicas. Por más que quieras potenciar tu tienda de comercio elec-

trónico, no olvides que tu ventaja competitiva son tus tiendas. Que más quisiera Amazon que tenerlas. Zara lo hace muy bien.
- Capacidades monetarias disponibles. ¿Tienes el dinero para pagar lo que cuesta estar en ellos?
- Capacidades humanas disponibles. ¿Tienes los recursos internos o debes ir a buscarlos fuera? Por ejemplo, un servicio de atención telefónica exige un equipo de operadores.
- Capacidades tecnológicas. La Experiencia Cliente no depende de la tecnología pero la facilita, y determinadas cosas sin ella no son posibles. Conectar canales suele exigir tecnología.
- Alineamiento con el posicionamiento de compañía. Por ejemplo, si tu posicionamiento pivota sobre la simplicidad y la cercanía, quizás Twitter sea un canal a considerar.

Muchos son los criterios que te invito a evaluar para cada posible canal. Evidentemente, tú decides a qué criterio darle más peso en tu decisión.

## FASE 7. DISEÑO

*"El diseño caerá por su propio peso. Déjate llevar, sigue la estela. Es la séptima fase, no la primera"*

| INPUT | OUTPUT |
|---|---|
| ▪ Detalles pasos *funnel*<br>▪ Información de cliente, compañía y entorno<br>▪ Canales seleccionados | ▪ *Customer journey*<br>▪ Mapa de experiencias |

Llegados aquí ya tienes el *target* a quien dirigir tus experiencias, el momento en que poner foco en la interacción, los canales en los que hacerlo y toda la información que te permite conocer al cliente, a tu compañía y al entorno. ¿Y ahora qué? En este fase, te recomiendo que hagas estas cinco tareas:

1. Elige los pasos para los que diseñar las experiencias
2. Diseña experiencias
3. Confirma que cumplen las 8 características del capítulo 2
4. Testa con clientes
5. Pinta el *Customer Journey* y el Mapa de Experiencias

## 1. Elegir los pasos para los que diseñar las experiencias

Elige los pasos para los que diseñar las experiencias. Prioriza los pasos motivacionales e higiénicos y los que pertenecen a la fases tapón y objetivo.

## 2. Diseñar experiencias

En la fase de diseño, no vas a ciegas. Las decisiones que has ido tomando, la información que has recopilado, te guiarán hacia tu destino.

Hay mucha gente que empieza por aquí. Graso error. La fase de diseño es la séptima. Déjate llevar. Si eres fiel a toda la información que tienes sobre el consumidor conseguirás diseñar experiencias relevantes, personalizadas y alineadas con expectativas.

En el proceso que has ido siguiendo, en las seis etapas posteriores le has ido conociendo bien, al igual que a tu compañía. Si te mantienes fiel a qué eres y qué tienes como compañía, conseguirás que además las experiencias sean viables y consistentes.

Para asegurarte de que lo son, debes poner toda la información encima de la mesa.

- Acciones del *funnel* para las que vas a diseñar las experiencias
- Canales en las que las vas a ofrecer
- Información cliente, compañía y entorno (el detalle lo tienes en el capítulo anterior de la fase VOC)

Cuando tengas toda esta información, haz uso de ella aplicando técnicas de innovación. Metodologías de diseño hay muchas: *Design Thinking, Lateral Marketing…* Elige la que creas adecuada. Para ello puedes contratar una empresa especializada o simplemente dejar correr la imaginación, aunque con cierto orden.

## 3. Confirmar que cumplen las ocho características del capítulo 2

Asegúrate de que cada una de las experiencias que has diseñado sea relevante, viable, sencilla y alienada con las expectativas del cliente. Se supone que sí porque cuando las diseñaste tuviste en mente todo lo que necesitabas para que así fuera, pero conviene chequear. En el proceso de diseño puedes perder el foco. Si puedes además personalizarlas, mejor que mejor.

Además, vincula las experiencias y asegúrate de que son consistentes entre ellas. No solo debes mirar las experiencias que has diseñado de una manera aislada. Analiza el viaje en su globalidad. Recuerda que tiene que ser consistente y vinculado.

## 4. Testar con clientes

Testa con el cliente antes de lanzarlas. Inés, Roberto, Néstor, Roberto, el *target* al que te diriges, te debe dar el ok. Yo recomiendo reuniones de grupo con varias personas del perfil para conocer, no solo si gustan, sino por qué no gustan. Las técnicas de observación funcionan, así como las encuestas, pero no te permiten conocer las razones que hay detrás de la aceptación o no aceptación. Ello es importante porque esa información te guiará en el proceso de rediseño.

## 5. Pintar el «Customer Journey» y el Mapa de Experiencias

Una vez sepas las experiencias que vas a lanzar, pinta el *Customer Journey*. Incluye la siguiente información:

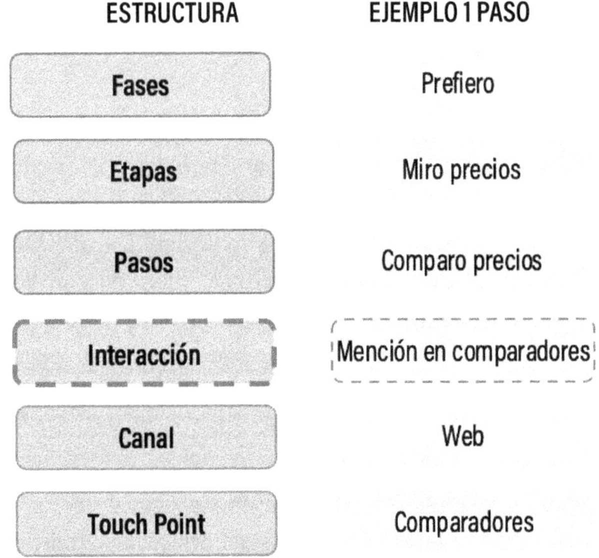

El mapa de experiencias tiene más información vinculada con el segmento al que te diriges. Lo muestro a continuación:

| ESTRUCTURA | EJEMPLO 1 PASO |
| --- | --- |
| Fases | Prefiero |
| Etapas | Miro precios |
| Pasos | Comparo precios |
| Interacción | Mención en comparadores |
| Canal | Web |
| Touch Point | Comparadores |
| Insight | "No me creo a las compañías de seguros" |
| Objetivo cliente | Obtener valoración neutral |
| Emoción a activar | Confianza |
| Acción a generar | Ir a mi e-commerce |
| Dato a conseguir | Cookie |
| Satisfacción actual | Media - Baja |

Es importante distinguir dos conceptos que a veces se confunden: canal y *touch point*. Los *touch points* son los puntos de contacto con el cliente. Ejemplo: cuestionario, juego, llamada, *newsletter*, *chat*, artículo, anuncio. Los canales son el medio donde se produce ese contacto: *web* (si es un cuestionario), *App* (si es un juego), *mail* (si es una *newsletter*), TV (si es un anuncio).

## FASE 8. IMPLEMENTACIÓN

*"¿Sabes qué es la transversalidad? Vete aprendiéndola si quieres ser un referente en Customer Experience"*

| INPUT | OUTPUT |
|---|---|
| ▪ *Customer journey*<br>▪ Mapa de experiencias | ▪ *Blue print*<br>▪ Mapas de puestos<br>▪ Formación<br>▪ Protocolos<br>▪ Validación de tecnología |

¿Cómo asegurar que todas las experiencias están vinculadas y tu compañía está preparada para lanzarlas?

La gestión de la Experiencia Cliente se caracteriza por su transversalidad. Debe haber una cabeza visible que lidere, pero acompañada por un comité de gobierno transversal donde los departamentos de la compañía estén representados, ya que:

- Los puntos de contacto con el cliente y, los que quieres que algún día lo sean, son múltiples y gestionados por diversidad de departamentos.
- La coherencia es clave. Ello implica coordinación y mensajes únicos y compartidos.

- Hay departamentos que no interactúan directamente con tu cliente, pero de cuyo trabajo depende la eficacia de otros que sí se relacionan de manera directa con él.

Este comité tiene las siguientes responsabilidades:

## COMITÉ DE GOBIERNO

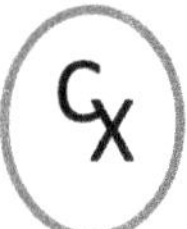


**Planifica**

Integra las interacciones con el cliente en un plan estratégico de CX.

**Introduce método**

Coordina el proceso transversal de diseño y se asegura que se cumplen todas las fases.

**Alinea**

Vela porque las decisiones de la compañía están alineadas con la estrategia de CX y que las experiencias cumplan las características clave.

**Conoce**

Se le informa de las decisiones adoptadas que impactan en la CX para tomar medidas si se precisa.

**Mide. Alerta**

Define y mide KPI's. Gestiona información. Consensua razones de la baja satisfacción. Confecciona cuadro de mandos y alerta de desviaciones.

**Sensibiliza**

Genera contenidos de comunicación interna para difundir la cultura de CX dentro de la compañía.

**Aprende**

Mide, analiza e interpreta resultados de acciones individuales y acumuladas. Incorpora conocimiento en CX.

**Recomienda**

Hace recomendaciones para mejorar la CX.

Además, este comité debe asegurar, que antes de lanzar las iniciativas vinculadas con la *Customer Experience*, las siguientes tareas han sido realizadas:

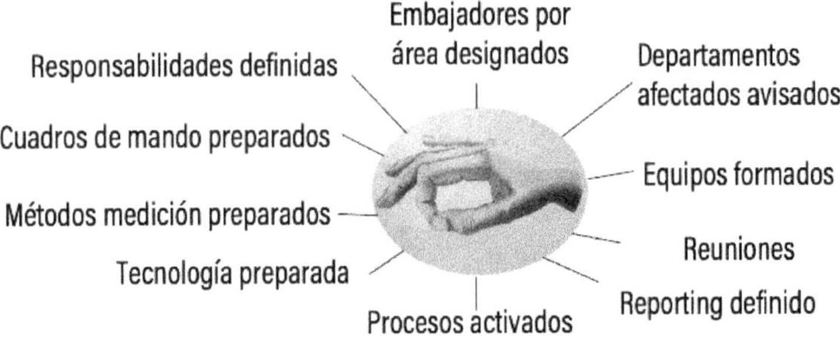


## ¿Cuál es la estructura organizativa más óptima?

Tener un comité es necesario pero no es suficiente. El comité es la representación de la compañía en la gestión de la CX pero debe haber un departamento específico que dedique la totalidad de su tiempo a la Experiencia Cliente. La cabeza de dicho departamento lidera el comité que hemos indicado anteriormente.

La estructura de este departamento debería estar formada por cinco grupos. En el cuadro siguiente indico qué fases de la CX lidera cada uno de ellos y qué conocimientos deben tener los profesionales que lo componen.

## DEPARTAMENTO CUSTOMER EXPERIENCE

### Consumidor y marca

FASES: Segmentación. Gestión del funnel. VOC

CONOCIMIENTOS: Branding

### Canales

FASES: Omnicanalidad

CONOCIMIENTOS: Canales analógicos y digitales

### Analítica y Tecnología

FASES: Medición. Monitorización

CONOCIMIENTOS: Tecnología y herramientas asociadas

### Procesos

FASES: Arquitectura

CONOCIMIENTOS: Mapeado de procesos

### Innovación

FASES: Diseño

CONOCIMIENTOS: Herramientas y técnicas de Innovación

## FASE 9. MEDICIÓN

"Sin medición vas a ciegas y recuerda que con los objetivos no se juega"

| INPUT | OUTPUT |
|---|---|
| • Objetivo CX<br>• Objetivo experiencias<br>• Mapa de experiencias<br>• Presupuesto | • Impacto en negocio<br>• Impacto en satisfacción |

## ¿Cómo medir el nivel de satisfacción global del cliente con mi compañía y la satisfacción en interacciones concretas?

La medición habitual de satisfacción del cliente es el NPS. Yo lo recomiendo porque es un ratio de medición globalmente aceptado y utilizado por muchas compañías, por lo que te permite compararte con tu competencia. Lo mides haciéndole al cliente una única pregunta:

### PREGUNTA

¿Cuán probable es que recomiende el producto o servicio
a un familiar o amigo?

El cliente tiene una escala para responder que va del 1 al 10, dónde: 0 «Muy improbable»; 10 «Definitivamente lo recomendaría».

Las respuestas las agrupas en tres rangos.

### CLASIFICACIÓN DE LAS RESPUESTAS

9 o 10 puntos: promotores

7 u 8 puntos: pasivos

6 puntos o menos: detractores

El cálculo del NPS sale de la siguiente fórmula:

**Resultados = % promotores - % detractores**

........................................................................

## EJEMPLOS

-100% todo el mundo es un detractor

100% todo el mundo es un promotor

NPS > 0 más promotores que detractores

........................................................................

Esta pregunta se la puedes hacer al cliente referida al total de las experiencias que vive contigo (es lo que llamo NPS global) o referida a una experiencia en concreto (NPS paso). Este cuadro permite visualizar posibles momentos de medición:

## VIAJE DEL CLIENTE

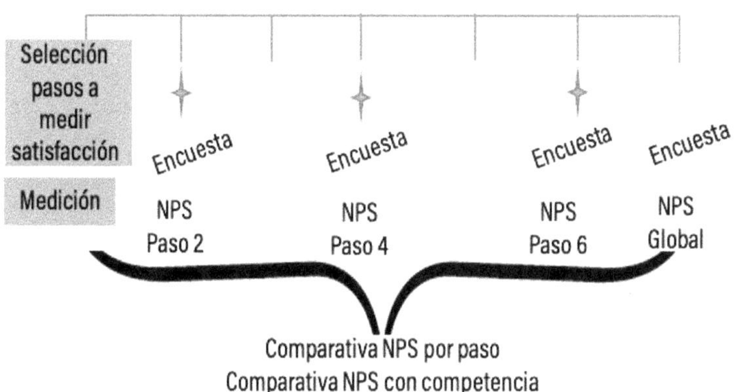


## ¿Cómo conocer qué experiencias han contribuido en mayor medida al incremento de la satisfacción?

Para detectarlo, haz lo siguiente:
- Elige los pasos y experiencias. En el cuadro siguiente hago referencia a ellas como Exp Y, Exp Z y Exp W.

- Para cada paso seleccionado, haz dos grupos de clientes estadísticamente comparables: un grupo que disfruta de la experiencia (Grupo 1) y otro grupo que no disfruta de ella (Grupo 2). Hazlo para todas las experiencias.
- Compara para la Exp Y, el NPS del Grupo 1 con el Grupo 2; para la Exp Z, el NPS del Grupo 3 con el Grupo 4; para la Exp W, el NPS del Grupo 5 con el Grupo 6. La experiencia con mayor diferencial en los NPS es la que más ha contribuido a incrementar la satisfacción.

Veámoslo en un cuadro:

## VIAJE DEL CLIENTE

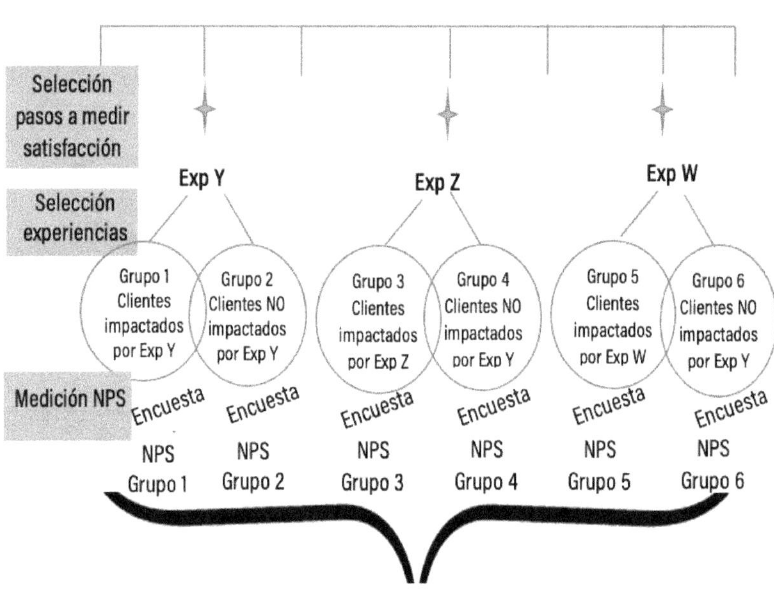


Comparativa NPS por Grupo

## ¿Cómo medir el impacto en negocio de los clientes satisfechos?

Hasta ahora has aprendido cómo calcular y comparar la satisfacción que generan las experiencias. Pero ¿qué aportan a tu negocio? Para convencer a otros de que apuesten por la CX es importante que valores su impacto en negocio.

Para ello, debes partir del objetivo de negocio que persigues con la *Customer Experience*, aquel que definiste en la fase 1. Te recuerdo que dicho objetivo es el objetivo de todo el viaje, no de una experiencia en concreto. Esto último lo veremos en el siguiente epígrafe.

Te recuerdo también que el objetivo que defines debe tener un impacto en EBITDA, es decir, mayor facturación, mejora del margen bruto o reducción de los gastos operativos y comerciales. Lo más habitual es un impacto en facturación.

Los pasos a seguir para cuantificar el impacto son:

1. Eliges las métricas de negocio claves que cuantifican su impacto en negocio. Han de ser métricas con impacto directo en tu cuenta de resultados. Por ejemplo: valor de compra media por cliente, tasa de anulación, nº de productos comprados por cliente.

2. Preguntas a tus clientes por el NPS: «¿Cuán probable es que recomiende el producto o servicio a un familiar o amigo?».

3. Agrupas los clientes según su grado de satisfacción.

4. Mira el valor de tus métricas de negocio para estos dos grupos, las que tú hayas elegido. Por ejemplo:

|                          | Detractores | Promotores |
|--------------------------|-------------|------------|
| Valor compra media / año | 900€        | 950€       |
| Tasa de anulación        | 18%         | 14%        |
| Nº comprados por año     | 1,2         | 1,8        |

El diferencial es lo que aportan los clientes satisfechos a tu negocio. Incluso puedes hacer grupos según el nivel de satisfacción.

## ¿Cómo cuantificar lo que aporta una experiencia concreta a tu cifra de negocio?

También es interesante que midas qué aporta cada experiencia aisladamente. Esto te ayudará a decidir qué experiencias ofrecer y cuáles no. Para ello:

1. Elige la experiencia cuyo impacto en negocio quieres medir. Ejemplo: «entrega de pedido de *e-commerce* en menos de dos horas».
2. Elige la métrica de negocio a medir; ejemplo: número de productos comprados.
3. Implementa dicha experiencia solo en un determinado grupo de clientes representativo de tu universo de clientes para que no haya sesgos en la comparativa posterior. El resto vive la experiencia habitual.
4. Haz la pregunta del NPS a los dos grupos de clientes. Guárdalo. Mira cuántos detractores y promotores hay en cada grupo.

5. Mira el comportamiento de estos dos grupos de clientes en la métrica de negocio seleccionada. El diferencial en valor entre los dos grupos de clientes será lo que ha aportado la CX.

## FASE 10. MONITORIZACIÓN

*"No busques lo que esperas encontrar, construye tu opinión después"*

| INPUT | OUTPUT |
|---|---|
| ▪ Impacto en negocio<br>▪ Impacto en satisfacción<br>▪ Mapa de experiencias | ▪ Cuadros de mando |

Los cuadros de mando recogen los KPIs (indicadores clave en el desempeño del negocio que nos permiten medir el éxito de nuestras acciones) y todas las métricas necesarias para facilitar la toma de decisiones. Son muy importantes en gestión y tienen por objetivo revisar la información de negocio más relevante de un vistazo. Debes acertar tanto con el contenido como con el diseño de los mismos. De esto último no voy a hablar, ya que un libro no es la mejor herramienta para hacerlo. No obstante, dedica tiempo a ello. El diseño es clave para facilitar la lectura y la obtención de conclusiones.

En referencia al contenido, los cuadros de mando deben incluir KPI's tanto de negocio como de satisfacción.

## KPI's de negocio

Hay de tres tipos. Dos de ellos los vimos en la fase de medición: KPI's de negocio del viaje en su globalidad, es decir, la suma de experiencias, y KPI's de experiencias concretas, aquellas para las que tú quieras medir el retorno.

Los KPI's de negocio son representativos del objetivo de negocio que quieres cumplir con la CX. Por ejemplo: tasa de renovación de tus clientes, número promedio de productos comprados por cliente, precio medio por producto comprado, número de productos vendidos en *e-commerce*... Varían según tu objetivo de negocio. Veamos un ejemplo de ambos tipos de KPI's.

**EJEMPLO KPI DEL VIAJE**

Objetivo de negocio: crecimiento rentable (mayor facturación con mejora margen bruto)

Canales donde se consigue el objetivo de negocio: Portal de e-commerce

KPI Viaje (conversión): 8.000 unidades vendidas

KPI Viaje (rentabilidad): 250€ CPA (coste de adquisición)

**EJEMPLO KPI DE UNA EXPERIENCIA**

Experiencia: juego
Objetivo paso: consideración
Canal experiencia: Aplicación móvil

KPI Experiencia (consideración): 50.000 MAU's (usuarios activos mensuales)
KPI Experiencia (rentabilidad): 0,50€ CPI (coste por instalación)

La tercera tipología de KPI's de negocio que debes medir son los KPI's habilitadores. Son métricas vinculadas con momentos previos a la acción final que realiza el cliente y que culmina con tu objetivo de negocio. Te sirven como alarma para avisarte si el proceso no va bien y así tomar medidas correctoras.

**EJEMPLO KPI HABILITADOR**

En el ejemplo anterior, donde el KPI del viaje era el número de unidades vendidas en el portal de *e-commerce*, posibles KPI's habilitadores podrían ser: número de visitas a la web, tasa de conversión a producto, tasa de conversión a precio...Si la cifra que te muestran estos KPI's está lejos del objetivo marcado, puedes activar medidas correctoras como mejorar el diseño de tu cuestionario web.

## KPI´s de satisfacción

Son los KPI's que miden el ratio de satisfacción. Tal como te comenté en el apartado de medición, el más recomendado es el NPS, pero hay otros como preguntar por el nivel de satisfacción tras una interacción concreta llamado CSAT. Es importante también incluir métricas que midan el nivel de calidad de tu servicio (por ejemplo, media de segundos que espera un cliente en ser atendido). Estas métricas disparan alarmas antes de que sea demasiado tarde. Tienen un rol similar al de los KPI's habilitadores.

Tanto para las métricas de calidad de servicio como para los KPI's habilitadores, debes marcar un rango de «permisividad» fuera del cual debes actuar con medidas correctoras.

La monitorización de tu actividad además exige:
- Una medición continuada, homogénea y comparable evitando fuentes distintas
- Si es posible, incluir comparativas con la competencia
- Un seguimiento con periodicidad acordada en el comité de CX
- La confección de diferentes *dashboards* según destinatarios. Es recomendable hacerlo en tres versiones según destinatario:
  - Responsable CX y comité de CX
  - Director de marketing/servicio al cliente
  - Director general

Vistos los diez pasos a seguir para diseñar la Experiencia Cliente, ya solo queda ponerte a ello. Cuenta con la ayuda de profesionales que sepan gestionar las múltiples fases y un coordinador que conozca todas las disciplinas y tenga experiencia en la amplia variedad de herramientas a utilizar.

Todos los días tus clientes y consumidores, y los que quieres que algún día lo sean, viven experiencias con tus marcas, aunque tú no hagas nada por ello. De ti depende el que sean satisfactorias.

Todos los integrantes de tu compañía, directa o indirectamente, crean dichas experiencias, pero ¿responden estas a una necesidad real del cliente?, ¿responden a un plan de contactos planificado y medido?, ¿aprovechas esos contactos para obtener datos del cliente?, ¿te genera negocio? La diferencia la marcará el uso o no de método.

# 6. FASES DE MADUREZ DE LA CUSTOMER EXPERIENCE

Y tú dirás ¿por dónde empiezo? Y yo te diré: por la fase 1, definiendo tu objetivo de negocio. Sigue el método que te he explicado. Fase por fase. Paso por paso. No obstante, según el punto de donde partas, es decir, según el nivel de madurez de tu empresa en el desarrollo de Experiencias Cliente, deberás profundizar en unas cosas y dejar para más adelante otras.

La CX puede no tener fin, complicarte mucho o poco, ser aplicada con mayor o menor detalle. Ten cuidado: la complejidad puede meterte en un laberinto en el que te puedes perder. Sé práctico.

Tres son las etapas de madurez por las que pasan las empresas que gestionan la Experiencia Cliente. Mide tu grado de madurez, y en base a ello y a los recursos con los que cuentes, sigue las recomendaciones que te indico.

| 1 | 2 | 3 |
|---|---|---|
| **Los Novatos** | **Los Iniciados** | **Los Avanzados** |
| Nivel de complejidad bajo | Nivel de complejidad medio | Nivel de complejidad alto |

En los tres casos debes aplicar las diez fases de la metodología que te he explicado, pero priorizando lo que indico a continuación según la fase en la que te encuentras y los recursos con los que cuentes. Quizás te lances y desde el principio, aunque seas «novato», llegues a aplicar lo recomendado para los «avanzados», pero asegúrate de que empiezas por lo recomendado para el nivel 1.

## 1. LOS NOVATOS. NIVEL DE COMPLEJIDAD BAJO

Este estadio se aplica a las organizaciones que utilizan por primera vez modelos de *Customer Experience*. Parten de cero. En este caso, es imprescindible que te asegures de que lo indicado a continuación lo llevas a la práctica.

1. Crear un comité de gestión de la CX transversal
2. Seleccionar un grupo de clientes relativamente homogéneo y numeroso
3. Optimizar la gestión del *funnel*. Detecta fase tapón y objetivo y crea *flow*
4. Asegurar los pasos higiénicos
5. Conocer las expectativas del cliente y gestionarlas
6. Gestionar las emociones para activar acciones vinculadas con negocio
7. Ser una compañía coherente y previsible
8. Aprender la cultura del no (canales, perfiles cliente, tecnología.....)
9. Recogida sistemática y fiable de la VOC

Expliquemos cada una de ellas para entender por qué estos hitos son clave cuando comienzas con un proyecto de *Customer Experience*.

### 1.   Crear un comité de gestión de la CX transversal

Este es el punto de partida. Lo primero que tienes que hacer. La gestión de la Experiencia Cliente es 100% transversal. Todos los departamentos tienen algo que hacer y todas las personas de tu organización deben estar convencidas. Y no hay mejor manera de involucrar y convencer a otros que hacerles responsables de aquello de lo que les quieres convencer.

### 2.   Seleccionar un grupo de clientes relativamente homogéneo y numeroso

Cuanto más específico sea el *target*, más relevantes serán tus experiencias porque afinarás más. El problema es que si solo gestionas uno muy específico llegarás a poca gente, y si tienes mucho *targets* será más complejo de gestionar. Por eso al principio es mejor seleccionar un grupo de clientes relativamente homogéneo y numeroso.

### 3.   Optimizar la gestión del «funnel». Detecta fase tapón y objetivo y crea «flow»

Las compañías cometen un error: impactan al cliente donde ejecutan su objetivo de negocio, pero los consumidores no llegan a esa parte del *funnel* por arte de magia. El cliente se va moviendo por el *funnel*. Conoce ese movimiento y estate presente allí por «donde él pase».

### 4.  Asegurar los pasos higiénicos

No vayas a intentar crear satisfacción si todavía generas insatisfacción. Como decía un jefe mío, *«Fixed the basic»*. Por ello debes empezar gestionando los pasos higiénicos, que son los generadores de insatisfacción.

### 5.  Conocer las expectativas del cliente y gestionarlas

Si no lo haces, darás palos de ciego. Sé listo. El listón te lo marca el cliente; quizás esté más bajo de lo que piensas. Excédelo, pero piensa que lo que ofrezcas es lo que después va a esperar de ti. Si no vas a poder ofrecerlo con continuidad, no lo sobrepases o hazle ver que es un detalle, una excepción que haces gustosamente, pero una excepción. Ejemplo: ¿el cliente espera que mientras se está probando y necesita una talla diferente seas tú la que se la vaya a buscar? Por el contrario hay cosas que sí espera, que debes detectar y ofrecer sin dudarlo.

### 6.  Gestionar las emociones para activar acciones vinculadas con negocio

Esto no cuesta dinero, ni esfuerzo. Solo exige ponerse a ello, tener una perspectiva diferente. Simplemente se trata de que en la mesa donde se toman las decisiones se añada un nuevo ingrediente a la fórmula en forma de pregunta: ¿qué queremos que el cliente sienta? Porque eso es lo que le va a llevar a tomar la decisión que queremos.

## 7.  Ser una compañía coherente y previsible

Esto tampoco cuesta dinero. Yo diría que incluso ahorra tiempo. Te ahorras debatir ideas, opciones, por el mero hecho de que no es coherente con tu marca y tú compañía. Nada más poner una idea sobre la mesa, la primera pregunta debería ser: ¿es coherente con mi posicionamiento de marca? Si es no, no sigas. Ahora bien, antes tienes que haber dedicado tiempo a definir qué tipo de compañía eres.

## 8.  Aprender la cultura del no (canales, perfiles cliente, tecnología...)

Esto parece fácil pero es muy difícil. Al principio, elige pocos canales, pocos perfiles de clientes, no te lances con tecnología que no puedes o no sabes gestionar. ¿Sabes por qué? Porque la *Customer Experience* es perversa. Te mueve pensar que puedes activar la satisfacción del cliente, pero la Experiencia Cliente es también evitar la insatisfacción. Lo comenté cuando hablé de experiencias viables. Se trata de poder, no de querer.

## 9.  Recogida sistemática y fiable de la voz del cliente

Esto sí o sí. Búscala donde quieras y como quieras, pero tenla. Sin eso no hay *Customer Experience*.

Una vez hayas hecho lo indicado en la lista anterior, ya puedes ir haciendo más complejo tu modelo.

1. Tomar decisiones con datos tuyos comparados con la competencia
2. Diferenciarse con los pasos motivacionales
3. Detallar la arquitectura
4. Obtener datos del cliente durante el viaje

## 1. Tomar decisiones con datos tuyos y de la competencia y específicos para tu «target»

En todas las fases se utilizan datos. Decidir a qué segmento dirigirte, detectar dónde está el tapón en el *funnel*, conocer el grado de uso de los canales por parte de tus clientes, exige tener datos. El análisis del dato te lleva a la decisión pero no todas las compañías tienen datos de todo. Lo ideal es que además de datos de tu compañía, tengas también de tu competencia. ¿Un 60% de tus clientes dispuestos a volver a comprarte es poco o mucho? Pues depende. Si para tu competencia es el 80%, es poco.

## 2. Diferenciarse con los pasos motivacionales

Una vez te hayas asegurado de que gestionas bien los pasos higiénicos, es decir, que no estás creando insatisfacción, descubre «las perlas» que te otorgan los pasos motivacionales. Cuesta encontrarlos, pero estas serán las que te van a diferenciar.

## 3. Detallar la arquitectura

En la fase anterior, la de iniciados, te comenté que debes empezar por detallar más las fases del *funnel* donde está el tapón y donde se ejecuta el objetivo de compra. Si eres un iniciado ya no te pongas límites. Sobre el papel, trocea lo máximo que tu capacidad, imaginación y conocimiento te permitan. No hay ningún paso que, por pequeño, sea susceptible de obviarse. Cualquier elemento puede marcar la diferencia.

## 4. Obtener datos del cliente durante el viaje

Para personalizar las experiencias, para conocer al cliente, la información, tal como te he comentado en múltiples ocasiones, es clave. Qué mejor ocasión para obtener dicha información que durante las interacciones que tengas con él. Aprovecha esos contactos. Y lo pongo en la fase de iniciados y no en la de novatos porque se trata no solo de obtener el dato, sino de almacenarlo en un CRM o un DMP. Aquí entra la tecnología. Quizás en la fase 1 no estabas preparado o no tenías recursos.

El nivel más avanzado de Experiencia Cliente implica hitos como los que a continuación te indico:

1. Gestionar diferentes *targets*
2. Intentar hacer cosas tú en lugar del cliente
3. Llevar a la máxima expresión la omnicanalidad
4. Integrar tecnología puntera
5. Detectar objetivos por pasos, no solo por etapas

## 1. Gestionar diferentes «targets»

Si estás preparado, adelante. Para la Experiencia Cliente, cuanto más afín seas al *target* mejor, pero como te he dicho antes, por regla general, menor número de personas representativas. Esto te llevaría a ofrecer Experiencias Cliente a poca gente, lo que se «soluciona» definiendo diferentes *targets* y ofreciéndoles diferentes experiencias. Pero esto lleva aparejada mayor complejidad en la gestión.

## 2. Intentar hacer cosas tú en lugar del cliente

Esto requiere dinero, bien para tecnología o para invertir en personas. Por ejemplo, cuando tu cliente entra por segunda vez a tu web, está bien que se encuentre el cuestionario ya rellenado. Esto a veces pasa, por ejemplo, cuando eres un comprador habitual de un portal de comercio electrónico.

### 3. Llevar a la máxima expresión la omnicanalidad

La omnicanalidad es maravillosa pero es de las pocas cosas en la CX que cuesta dinero. Por eso está en la tercera fase.

### 4. Integrar tecnología puntera

Qué maravilla son los espejos inteligentes, la tecnología RFID, lo sensores de Amazon Go, etc. pero exigen recursos.

### 5. Detectar objetivos por pasos, no solo por etapas

Cuando en la fase de la VOC hablé de objetivos de compañía y de cliente, y cuando en la fase de diseño comenté que las experiencias que diseñes deben ir dirigidas a cumplir tanto tu objetivo de compañía como el de tu cliente, no indiqué para qué nivel de arquitectura debemos conocer esos objetivos. No quería complicarlo, pero ahora ya toca. No me refiero al objetivo global del viaje; me refiero a los objetivos por experiencia.

Si eres una compañía experta en CX, debes conocer los objetivos que el cliente persigue y los de tu compañía para cada paso y no solo para cada etapa. Así diseñarás experiencias más afines.

# 7. POR QUÉ CREAR TU PROPIA CUSTOMER EXPERIENCE

> "La CX no va de hacer más cosas ni de invertir más. Va de hacer mejor lo que ya haces"

¿**P**or qué la CX es para ti? Sí, para ti. No para otros. No para Zara, Nike, Ikea, Apple, no. ¡¡Para ti!!

La *Customer Experience* no va con el tamaño de compañía, ni con el sector. La *Customer Experience* no va de invertir más, va de invertir mejor. La *Customer Experience* no va de hacer más cosas; va de hacerlas mejor.

Piensa en la gestión de expectativas. Si tienes un restaurante, ¿avisar de lo que no está en la carta cuesta dinero? ¿Ser coherente cuesta dinero? ¿Articular las emociones y decidir cuáles activar cuesta dinero? ¿Organizar los artículos en tu tienda de una determinada manera cuesta dinero? ¿Seguir una secuencia lógica en las tareas que ha de hacer el cliente cuesta dinero?

La *Customer Experience* es la gestión de las interacciones que tienes con tus clientes y de aquellos que quieres que lo sean. Estás continuamente generando experiencias. Recuerda que cualquier interacción genera experiencias. Ninguna compañía se libra de la CX. La *Customer Experience* es para ti. Es para todos.

Quiero ayudarte a que convenzas a otros de que hay que apostar por la Experiencia Cliente. Como te comenté al principio del libro, tú, solo por el hecho de estar leyéndome, crees en ella o te la planteas como una posibilidad. Pero créeme; te encontrarás con gente que no cree. Yo he trabajado en dos perfiles de compañía: las que te ponen la alfombra roja cuando hablas del consumidor y las que no solo no te la ponen, sino te la quitan. Mucha gente piensa que lo importante es lo complejo (los modelos econométricos, las estructuras de sistemas...), pero hablar de lo que siente un cliente es banal. Por ello quiero cerrar este libro dándote argumentos para que ese lunes tan deseado del que hablamos al principio, aquel en que tras leer este libro empezarás a movilizar a tu organización para implantar la CX en tu empresa, tengas argumentos para convencer a otros.

La Experiencia Cliente es no solo recomendable sino necesaria para cualquier organización porque con ella se consigue:

1. IMPACTO DIRECTO EN TU CUENTA DE RESULTADOS

2. MEJORAS DE LA EFICIENCIA DE TU EMPRESA

3. IMPACTO EN MARCA

4. DIFERENCIACIÓN

5. RACIONALIZACIÓN DE LA DIGITALIZACIÓN

6. APOYO A LA «CUSTOMER CENTRICITY»

Veamos por qué la CX te permite alcanzar todos los logros arriba indicados.

## 1. IMPACTO DIRECTO EN TU CUENTA DE RESULTADOS

Espero que con la lectura de este libro hayas percibido que el negocio está en la esencia misma de la Experiencia Cliente. Muchas son las ocasiones en las que he integrado los objetivos de negocio. Recuerda que:

* Se parte del objetivo de negocio. Es la fase 1.
* Se mide con métricas de negocio. Los KPI's son de negocio.
* El objetivo de negocio dirige las decisiones. Esto es un hecho en muchas de las fases.
* Todas las decisiones de la *Customer Experience* se toman en base a datos de negocio. En la mayoría de las fases los datos provienen del negocio.

## 2. MEJORAS DE LA EFICIENCIA DE TU EMPRESA

Los modelos de *Customer Experience*:

* Facilitan elegir cuándo y cómo relacionarte con tus clientes. Recuerda la arquitectura. Desde un punto de vista práctico, el objetivo de la CX es elegir cuándo y cómo relacionarte. Te centra. Hay decenas de oportunidades de contacto. Te ayuda a elegir las mejores ocasiones para relacionarte con tus clientes porque esas son las que para ellos tienen más valor, y tú como compañía obtienes rédito de ellas.
* Mejoran la coordinación de trabajos de diferentes áreas. El comité transversal de gobierno es un buen ejemplo.

- Permiten la confección consensuada, coordinada y eficaz del plan anual de marca para un segmento de consumidor. La CX no es el calendario comercial, pero el calendario comercial recoge interacciones que crean experiencias.
- Introducen método. Mucho de lo que has leído es eso precisamente, un método.
- Refuerzan la cohesión interna y el sentimiento de equipo de diferentes áreas a través del trabajo en equipo. Los silos desaparecen.

## 3. IMPACTO EN MARCA

Crea marca asegurando que su esencia y valores están representados en todas las interacciones de la compañía con el cliente.

## 4. DIFERENCIACIÓN

Actualmente, diferenciarse por producto es muy difícil. La CX es una manera de diferenciarte de tu competencia y generar preferencia hacia tu marca. La CX no es un lujo, ni una «pijada» de marketing; es una necesidad. ¿Acaso hay grandes diferencias entre las prestaciones que ofrecen los productos? No. Lo que marca la diferencia muchas veces es cómo haces que los viva. No es el qué, es el cómo.

## 5. RACIONALIZACIÓN DE LA DIGITALIZACIÓN

Facilita la digitalización de la compañía mostrando el encaje y la utilidad del canal digital dentro de una estrategia omnicanal.

## 6. APOYO A LA «CUSTOMER CENTRICITY»

Facilita la visión cliente en toda la organización. Ofrece Experiencias Cliente diferentes para segmentos de cliente diferentes.

Quizás cuando llegue ese deseado lunes en el que empieces a dar forma a tus Experiencias Cliente, debas empezar por el último capítulo de este libro. Por convencer a otros, por racionalizar tus argumentos, por demostrar que la *Customer Experience* es negocio. Hecho esto, vuelve rápidamente al capítulo 1. Este libro te acompañará en el proceso. Ahora te toca a ti ponerte manos a la obra.

Mánchate las manos de sonrisas de clientes. Tú más que nadie sabes de dónde partes. La relación con Inés está a medio construir. Da un paso adelante y conviértela en una relación plena.

# 8. CÓMO IMPACTA LA COVID-19 EN LAS EXPERIENCIAS CLIENTE

> **"Relata en primera persona lo vivido por tu cliente en cada una de las experiencias que tiene contigo. Descubrirás las respuestas que buscas en sus palabras"**

on este libro no pretendo ser científica, dando la solución a un tema complejo sobre el cual hay mucha literatura. No pretendo dar la solución a una realidad que afecta y afectará a nuestro comportamiento desde múltiples dimensiones. No pretendo cansar y seguir hablando de una temática que nos acompaña diariamente.

Lo que sí pretendo es poner sobre la mesa la realidad de lo vivido y sentido por millones de personas que han experimentado experiencias, en la mayoría de los casos insatisfactorias y en algunas ocasiones reconfortantes. El mero ejercicio de transcribir en palabras del cliente lo vivido permite a las empresas entenderlo y buscar soluciones. Es como un eco que resuena y te lleva hacia el camino adecuado.

Este libro está lleno de ejemplos de éxito. Ahora toca hablar de casos mal gestionados y hacerlo a modo de relato por varias razones:

- Hablar de lo que vive y siente un cliente es la mejor manera de ilustrar el verdadero impacto de la gestión de la Experiencia Cliente. Lo que a continuación escribo es la realidad vivida por las personas que han tenido la generosidad de contarme su experiencia. El relato es la mejor manera de contarlo. Ellos así lo han vivido y expresado.
- Por humildad. Pocas son las empresas que ponen al cliente en el centro de sus decisiones. Quien cree que lo hace (incluso haciéndolo bien a veces), cuando llega la hora de elegir en situaciones límite como las vividas con la covid-19, tiende a olvidar

la satisfacción del cliente. La insatisfacción, las expectativas no cubiertas «se pagan», y más en unas circunstancias en las que el destinatario tiene acumuladas experiencias personales que le hacen sentir con mayor intensidad.

- Por responsabilidad. Mi intención no es dar voz a las miles de personas que han vivido experiencias como las que voy a contar. Sería demasiado pretencioso. Lo que sí pretendo es concienciar a las empresas de que sus decisiones acarrean consecuencias, ya no solo respecto a sus clientes, sino también respecto a ellas mismas.

- Por agradecimiento. Hay empresas que durante la covid-19 han sido capaces de ofrecer experiencias satisfactorias. Bien por ellas. Tendrán «premio». Han destacado sobre la mayoría. Eso sus clientes no lo olvidarán.

## E ELENA - COMPRA EN SUPERMERCADO ONLINE

Me lancé a hacer una compra por Internet. Eso de ir al supermercado no era lo que más me apetecía. Ya no por pereza, simplemente mera precaución.

Elegí uno que era el que me generaba mayor confianza. Pensé «estos no fallan». Entré en la web. Empecé el pedido. Comprar *online* este tipo de productos requiere paciencia, y yo la tengo. Son muchos artículos. Buscar uno por uno lleva un tiempo. Para eso estaba preparada. Para lo que no lo estaba era para que a cada intento, tras tener la compra ya avanzada, me echaran de la web. Vuelta a intentarlo. Vuelta a pasar.

Además de tener paciencia, soy ingeniera. De ordenadores sé algo. Pensé: «Lógico, los servidores petan; todos haciendo la compra como yo». Y volvía a intentarlo. No ya solo ese día, también el siguiente. Siempre lo mismo: intento y fuera, intento y fuera...

No me rendí, lo conseguí, o eso creía. Cuando logré llegar al final sin que me echaran ¡¡oh sorpresa!!, recibí un mensaje: «no posibilidad de entrega».

Mi estrategia de no rendirme seguía en pie. Volví a intentarlo al día siguiente. Así hasta lograr cerrar fecha de entrega. Pero ¿qué pasó? Ese día llegó pero el pedido no lo hizo... Nadie me llamó. Nadie me avisó. Tocaba colgarme al teléfono en busca de una respuesta que tampoco llegó. Opté por el *mail* a ver si tenía más suerte. Por fin, al tercer día recibo una llamada con la noticia que llevaba tiempo esperando: al día siguiente me entregarían mi deseada compra. Pero nadie tocó a mi puerta.

¿Sabes cuándo lo hicieron? Una semana después. Llegaron sin avisar. No los esperaba. Como tampoco contaba con una última sorpresa: mi compra no era mi compra; decenas de productos que yo jamás pedí, que yo jamás pagué. Por el contrario, los productos comprados nunca llegaron.

¿Y sabes además? Yo soy marquista. Lo reconozco. Haciendo el pedido me dieron la opción de elegir productos sustitutivos en el caso de falta del producto seleccionado. Y como bien se dice, «el que avisa no es traidor». Lo que no esperaba es que todos los productos sustitutivos fueran de marca blanca.

Intentar y desesperar. Esperar y desesperar. Esta es la historia de mi compra. ¿Que si volveré a confiar en esa marca de supermercado? No. Los elegí porque pensaba que con ellos la elección era segura. Nada más lejos de la realidad.

## Aprendizajes

- Las expectativas marcan la satisfacción del cliente. Ante un mismo nivel de servicio, el nivel de satisfacción del cliente es distinto según la compañía que lo ha prestado.

- Evalúa tus capacidades antes de ofrecer un servicio. Si tu compañía no está preparada, mejor no lo ofrezcas.

- Aprende y no repitas en lo que anteriormente has fallado antes de corregir tus errores. Monitoriza la satisfacción. Detecta dónde fallas y corrige.

- Tras una experiencia negativa, compensa con otra positiva; algo ayuda para olvidar la primera.

- Avisa al cliente, antes de que inicie un pedido o una gestión, de que dicha transacción no puede ser satisfecha. Si avisas, no esperará que cumplas.

- Si no puedes ofrecer un servicio o producto, ofrece una batería de alternativas para las que tú estés preparado y entre las que el cliente pueda elegir.

- Mantén informado al cliente sobre el estado de sus peticiones. La incertidumbre crea insatisfacción.

## CARMEN - SEGURIDAD SOCIAL

A mi hijo le tocaba la revisión médica. La tiene cada seis meses. Se acercaba el primero de abril, la fecha reflejada en mi calendario. Mi hijo se encontraba bien. No me apetecía acercarme a un centro de salud. Rechazo frontal. Estuve varios días dándole vueltas a la cabeza. Lo pospuse. Pensé: «mejor esperar a que esto se calme».

Conseguí fecha para junio. Iban pasando las semanas y la situación no mejoraba. Era imposible estar tranquila con la vorágine de noticias negativas y una recomendación que se repetía: «no acudan a los centros de salud». Se acercaba junio. Oleada de contagios. Me daba miedo ir pero necesitábamos hacer la revisión. Ya vamos tarde. Mi cabeza no dejaba de darle vueltas: «¿anulo de nuevo la cita?». Me gusta ir con él. Esta vez no sería posible; no me dejarían entrar.

El día antes suena el teléfono de casa. Era el médico de la Seguridad Social. Pensé: «Van a volver a cambiarme la cita». Pues no. Me ofrece consulta telefónica o asistencia al centro de salud. «Usted decide» me dice. Me quedo sorprendida. No esperaba esta proactividad ni flexibilidad de un servicio de la Seguridad Social. Para mayor sorpresa me propone tener la consulta en ese mismo momento, sobre la marcha, u otro día. Volví a escuchar las palabras mágicas: «Como usted prefiera». Me vi decidiendo yo el día y la hora de una cita. Lo nunca visto. Se me abrieron los cielos.

Estaba en casa con mi hijo; lo comento con él. «Claro, mami» me dice. Puse el manos libres. Fue una revisión rutinaria. La resolvimos perfectamente y además no perdí la mañana entera.

## Aprendizajes

- Adapta tus servicios a nuevos entornos. A circunstancias diferentes, necesidades diferentes.

- Adelántate tú al cliente. Toma la iniciativa y proponle cosas teniendo en mente sus necesidades.

- Da opciones a tu cliente para que él elija.

- El cliente espera de ti en base a tu comportamiento en experiencias previas.

## JAVIER - HOTEL

Y el día llegó. El día esperado tras 120 días de encierro. Nos fuimos los tres. Cogimos el coche y tiramos para el Sur. Habíamos reservado en un hotel de 5 estrellas, uno conocido en el que ya habíamos estado con anterioridad.

La emoción fue grande, lo reconozco. Algo que había hecho otras muchas veces se convirtió en algo especial. Volví a una realidad que tenía olvidada. Mi hija de seis años hasta lloró, no exagero. Sí, lloró.

Llegamos el primer día de apertura del hotel tras el confinamiento. Mis sensaciones eran intensas. Pero no éramos los únicos emocionados. Las primeras palabras que escuchamos fueron: «Bienvenidos a casa».

Empezamos a notar que la experiencia no era como en ocasiones pasadas. Digamos que en el aire flotaba cierta incertidumbre. Solicitabas servicios, hacías preguntas y se miraban entre ellos. No había respuestas. Solo escuchabas: «Espere que pregunto a un compañero».

Daba la sensación de que el personal era nuevo aunque no lo fuese…, quizás solo les habían encomendado nuevas tareas para las que no habían sido entrenados o habían cambiado los procedimientos sin haberlos engrasado antes. No había coordinación entre los diferentes departamentos: reservabas mesa para cenar en la recepción y cuando llegabas al restaurante buscaban y buscaban pero tú no estabas en esa lista.

Qué decir del maravilloso buffet del desayuno, ese que hace de la estancia en el hotel una experiencia memorable. Dejó de serlo. Pocos clientes pero muchas colas. Variedad de surtido escasa. Personal que cuando pides repetir reacciona con cara de pocos amigos.

Incluso la reserva que estábamos obligados a realizar para acceder al servicio de desayuno no funcionó correctamente, dándose la paradoja de que nos vimos obligados a desayunar en mesas distintas.

La realidad en la zona de piscinas no fue mucho mejor. Hamacas escasas; no había para todos y eso que éramos pocos… No había personal en la zona de entrega de toallas.

Tengo un sabor agridulce. La predisposición de los empleados del hotel, menos algún caso que aún recuerdo, fue buena. Hubo hasta exceso por contentar. La intención se agradece (incluso como anécdota mi colchón estaba al revés; prueba clara de que limpiaron a conciencia las instalaciones) pero se queda solo es eso: en intentar. Me hubiera gustado que en el momento en que reservé el hotel o cuando llegué a él, me informaran de los servicios no disponibles. Descubrir que el spa no estaba abierto, que la piscina para niños estaba cerrada o que el mini club infantil no estaba operativo cuando los fui a usar no ayudó mucho…

¿Qué si la experiencia fue mala? No lo calificaría así. Fue distinta. Ayudar a la economía local tiene un plus de satisfacción personal pero sinceramente es lo único bueno que recuerdo.

## Aprendizajes

- Construye sobre la ilusión de tus clientes. La «traen desde casa», no tienes que construirla. A veces se trata solo de no destruirla.

- Asegúrate de que un cambio de funciones en tus equipos va acompañado de la formación y preparación pertinentes y de su aceptación previa antes de interactuar con tus clientes.

- Ante cambios de operativa, revisa tus protocolos, informa a tus trabajadores sobre ellos y fórmalos. No les pongas en marcha hasta que se resuelvan las dudas al respecto, el personal los haya interiorizado y estén plenamente preparados para prestarlos. Una vez los pongas en marcha, monitoriza la calidad de su puesta en marcha y haz reuniones periódicas para resolver las dudas que vayan surgiendo. El protocolo es un documento vivo. Si es necesario, sigue actualizándolo.

- Mide tus capacidades antes de ofrecer un servicio.

- Un solo empleado crea o destruye experiencias. Asegúrate de que tus equipos están alineados, preparados y convencidos de las tareas que se les encomiendan.

- Cuando marcas un estándar de servicio construyes expectativas para ocasiones venideras.

- Gestiona las expectativas de tus clientes antes de que lleguen. Avisa de los servicios que no van a poder disfrutar.

- Asegúrate de que conoces los servicios sobre los que se construye la satisfacción del cliente y no dejes nunca de ofrecerlos. Si tienes que reducir costes, intenta hacerlo en aquellos sobre los que no construyes la satisfacción.

- Una crisis es una ocasión para diferenciarte de la competencia y captar clientela de otras empresas de tu sector que no han abierto o que lo hacen con servicios reducidos. Aprovecha la oportunidad para generar satisfacción, y por ende repetición, en aquellos que te están probando por primera vez.

## MARÍA - MODA

Me dispuse a hacer lo que tantas veces antes había hecho: comprar ropa por Internet, aunque esta vez era distinto. Vivo en Londres. Volé a Mallorca cuando empezó el estado de alarma en España. Mi caso fue como el de tantos españoles que vivimos fuera. La insistencia de mi madre me llevó a ello. Una decisión rápida tras muchas dudas, múltiples llamadas, varios mensajes. Una maleta pequeña con ropa cómoda. Yo pensé: «en quince días estoy de vuelta».

Muchas son las veces que he comprado ropa por Internet. Siempre caprichos. Sin pensar mucho. En esta ocasión no fue el caso. Los días iban pasando y mis necesidades iban cambiando. Me dispuse a comprar «por necesidad» (si comprar ropa puede considerarse en algún momento una obligación...): poca variedad en mi armario, sin ropa de deporte, prendas abrigadas para una primavera cálida.

Siempre estaba disponible la prenda que quería. Siempre encontré mi talla. Incluso, en dos portales la mercancía no tardaba más de dos días en llegar. En el tercero, la primera vez tuve que esperar dos semanas, pero solo esa vez. No me causó ningún tipo de problema ni insatisfacción porque me avisaron antes de que hiciera la compra. Además, para la siguiente ya reaccionaron y la entregaron en dos días.

¿Que si me hubiera enfadado si los retrasos hubieran sido continuos? No creo. Si te avisan para mí no es un retraso pues estarían cumpliendo lo prometido. Lo que no quiero son sorpresas.

¿Que si me causó una satisfacción especial el recibir la ropa en dos días? Pues tampoco. Es lo que esperaba de ellos.

¿Sabes lo que me sorprendió? Su flexibilidad, su capacidad para reaccionar. Muchas de las fotos no eran de estudio; parecían hechas en la casa de la modelo. Mi abuelo siempre dice «lo perfecto es enemigo de lo bueno». ¡¡Qué gran verdad!!

Recuerdo los días del confinamiento; todos iguales. La misma rutina día tras día, semana tras semana, mes tras mes. Ninguna sorpresa, ninguna alegría. Bueno, miento, había una: el momento en que tocaban a la puerta y todos al unísono decíamos: «¿será el paquete?». Y acertábamos. ¡¡Dejábamos lo que estuviéramos haciendo y nos reuníamos todos en el salón. Era excitante. Mi tía allá donde estuviera gritaba «voy, no los abran hasta que llegue». El mejor momento. Los abríamos uno por uno. Con parsimonia, con curiosidad, con emoción, con expectación. Todos alrededor de la mesa. Aún lo recuerdo.

## Aprendizajes

- Reacciona rápido ante situaciones imprevistas. La perfección en algunos casos es enemiga de lo bueno. Prioriza lo importa en base a las necesidades reales de tus clientes.

- Avisa al cliente de antemano de lo que no puedas cumplir. No te dé miedo defraudar. Él espera de ti lo que le prometes.

- El verdadero momento de la verdad en *e-commerce* es la entrega. Construye sobre ello.

- Crea momentos memorables con tus clientes, generarás un recuerdo que solo el recordarlo fortalecerá el vínculo con tu marca a lo largo del tiempo.

- Prepara a tu compañía para lo que pueda venir. La satisfacción del cliente se produce cuando recibe de ti una contraprestación mayor a la esperada.

## SALVADOR - BANCOS

He vivido varias situaciones durante el Covid. La de mi banco, la peor. Así es como quiero empezar mi relato: sí la peor. Por más que le doy vueltas, no lo entiendo.

Somos tres hermanos. Los tres vivimos fuera. Mis padres, mayores, viven solos y sin ningún hijo cerca. Mi padre tiene problemas de movilidad, por lo que mi madre es la que se encarga de todas las gestiones de la familia. Tiene ochenta años.

Cada mes va al banco a ingresar el dinero para la hipoteca. Podría domiciliarla pero no hay manera de que lo haga. Cada vez que voy al banco a hacer una gestión y veo las colas en las ventanillas pienso en ella; no es la única que tiene por costumbre no domiciliar algunos pagos. En cualquier caso, eso el banco lo sabe: pasa cada mes. Esa es una de las razones por las que no entiendo la decisión de los bancos durante el confinamiento: cerrar oficinas y reducir el horario de la ventanilla de caja hasta las 11:00 h.

¿Acaso no son conscientes de que cada mes miles de personas van a sus oficinas a hacer sus pagos?

¿Acaso no saben que en caso de no hacerlo esas personas no podrán cumplir con sus obligaciones de pago, con los consecuentes problemas que ello les va a acarrear?

¿Acaso no son conscientes de que si cierran mi oficina tengo que ir a otra más lejana con la consecuente tardanza en realizar la gestión, y por ende, estar más tiempo fuera de casa, lo contrario a lo recomendado?

¿Acaso no son conscientes de que ello provoca mayores colas y más aglomeración de personas en una época en la que no dejan de repetirnos la importancia de la distancia social?

Pues parece que no son conscientes y, para hacer un juego de palabras, ni tienen conciencia. La solución: cerrar oficinas y limitar ciertas gestiones hasta las 11:00 h. Mientras los supermercados alargan los horarios, los bancos los limitan. Pagar no es voluntario, es una obligación. Yo puedo dejar de ir a Zara a comprarme aquella camisa que tanta ilusión me hacía pero no puedo dejar de ir al banco a pagar los recibos pendientes.

Y lo más fuerte: todos los bancos haciendo lo mismo y sin explicar las razones que hay detrás de dichas medidas.

Y mientras, los ciudadanos cumpliendo, por más difícil que nos lo pongan. El día que le tocaba, mi madre fue al banco, sin avisar, para no preocuparnos. Mi padre, despistado, me comentó lo que ella había ocultado. Ella, que es del grupo de riesgo. La llamo preocupada para decirle que lo deje y vuelva a casa. Me dice que está bien: «no te preocupes; llevo una hora y media en cola, ya me toca». Lo que para ella es una buena noticia porque ya le queda poco, a mí me enciende más: ¡¡Una hora y media en cola!! Yo soy tranquila, no pierdo los nervios. Los perdí.

Mi madre decía que estaba bien. Yo le decía que se fuera.

Mi madre decía que estaba manteniendo la distancia de seguridad. Yo le decía que se fuera.

Mi madre decía que ya le quedaba poco. Yo le decía que se fuera.

Hasta que al final, le grité: «Mami, haz el favor de irte ya».

Y se fue. Le di las gracias y colgamos.

Mi sobrina, que estaba cerca escuchando, me dijo: «¿Cómo pudiste hablarle así a la abuela?». Me sentí mal. Cómo justificar mi comportamiento ante mi madre y mi sobrina. Llamé de nuevo a mi madre. Le pedí perdón. La próxima vez haría yo la gestión; los recibos hay que pagarlos aunque el banco nos lo ponga difícil.

Así lo hice. ¿Y sabes lo que me encontré? La misma cola interminable. Un calor intenso en plena calle. La misma hora y media de espera. ¿Y dentro? Solo una persona atendiendo los servicios de caja. Al lado dos puestos de trabajo vacíos. ¿Lo entiendes? Yo todavía no.

## Aprendizajes

- Piensa en las necesidades de tus clientes, no solo en las tuyas.

- Explícale al cliente el porqué de tus decisiones; ayudará a que las entienda y así habrá mayores posibilidades que se aliene contigo.

- Sé consciente del tipo de servicio que prestas a tus clientes y el uso que hacen de ti. Marcará el nivel de servicio que debes ofrecer.

- No es fácil encontrar oportunidades en las que puedas diferénciate de la competencia. Cuando lleguen, aprovéchalas. La satisfacción se crea cuando ofreces algo que otros no hacen.

- No pienses que hacer lo mismo que las empresas de tu sector te librará de «quedar mal parado». Crearás insatisfacción igualmente, y habrás perdido una oportunidad magnífica de diferenciarte de ellos, y por ende, de generar satisfacción.

- No ofrezcas tus servicios en base a lo que tú crees que tus clientes deben hacer; ofrécelos en base a lo que ellos quieren hacer.

- No pivotes tus decisiones desde una posición de poder, por más que la tengas.

- Considera el estado emocional en el que se encuentra tu cliente. Ello afectará a cómo va él a percibir las interacciones que tenga contigo.

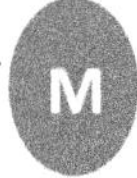

## MIGUEL - AEROLÍNEAS

Me encanta viajar. Este era mi año. Teníamos varios viajes programados. Te voy a contar mi experiencia en uno de ellos. Todavía me estoy peleando.

¡¡Con lo fácil que es hacerlo bien!! Reembolsar y canjear billetes las compañías aéreas lo hacen cada día. Esto del COVID nos ha cogido desprevenidos a todos. Compañías que no estaban preparadas ante nuevas necesidades de los clientes. Cambios en el entorno de trabajo, y en consecuencia capacidades no desarrolladas. Puedo llegar a entender las dificultades de los colegios para adaptarse a la educación *online,* o a las compañías que se ven sorprendidas por una avalancha de pedidos que no pueden cubrir. Pero ¿la gestión de los reembolsos y canje de billetes por parte de las compañías aéreas? Lo llevan haciendo años, todos los días, a miles de clientes. Tienen ya los protocolos definidos, los equipos entrenados. Es ponerse a hacer lo que ya saben. Pero no es que no puedan, es que no quieren.

Mi hija Rocío estudia en Madrid. Habíamos comprado su billete de Semana Santa con mucha antelación. Cuando estalla el Covid y recomiendan no viajar y devolver los billetes, llamamos a la aerolínea. Perdimos una mañana al teléfono. Entendería la tardanza por la avalancha de llamadas pero lo que no entiendo es el tiempo que le dedicaron a mi llamada. ¿Por qué tanta pregunta para ver si cumplía «las condiciones»? Solo conseguían ralentizar todavía más la cola de espera. Mi marido no paraba de hacerme gestos y decirme: «pero si las únicas condiciones son tener un vuelo programado; ¿para qué tantas preguntas?». Yo ponía cara de no entender mientras seguía respondiendo. Nos despedimos y al otro lado del teléfono me dijeron las palabras que llevaba toda la mañana deseando escuchar: «en quince días tendrá la devolución». Colgué y dije: «por fin».

Pero no. No era el fin. A los quince días nos mandan *mail* diciéndonos que no cumplíamos las condiciones. ¿Cuáles? No me preguntes. Para mayor desesperación, no lo especificaban.

¡Vuelta a llamar. Le dije a mi hija: «ahora llama tú; paso de colgarme horas al teléfono». De nuevo la mañana perdida. Ante nuestra queja nos dice: «perdone, estamos gestionando un alto número de reclamaciones». Y yo pensé: «reclamaciones sí pero ¿y venta de billetes? Ninguna». La falta de personal ante la avalancha de peticiones es una disculpa. Tienen equipos liberados de la venta de billetes al haberse reducido drásticamente el tráfico aéreo. Se trata de reasignar las tareas y concentrarlas en la gestión de anulaciones.

¡La señorita que nos atiende nos dice que tenemos razón; hay un error! Tenemos derecho al reembolso o al canje. Ponemos una reclamación.

Pasan las semanas, una tras otra. Así hasta un mes y medio. El *mail* no llega. No hay noticias, pero solo de pensar en volver a llamar se me ponían los pelos de punta.

Al final lo hicimos. Misma tardanza en atender nuestra llamada. Meses de gestión no había servido para agilizar los protocolos. Tras la espera, otra sorpresa: «con ese código de reclamación no hay nada» oigo decir al otro lado del teléfono.

Vuelta a empezar: otra reclamación. Le pedimos a la señorita que por favor nos enviara un *mail* confirmando que habíamos puesto una reclamación. Queríamos que quedara constancia no fuera que nos volviese a pasar. Nos contesta que eso no está permitido. «La política de empresa no lo permite» dice. Eso fue hace diez días, es decir, finales de agosto. La primera llamada fue en marzo. Cinco meses y medio para que nos devuelvan 120€. En el mejor de los casos. Seguimos esperando.

## ¡Aprendizajes

- ¡Nunca falles a los clientes y menos en tareas que por tu actividad repites con una alta frecuencia!

- ¡No justifiques tu comportamiento con la frase «no está dentro de nuestros protocolos»!

- Tienes que proporcionar al cliente documentación que deje constancia de las actividades solicitadas. De lo contrario se sentirá desprotegido. La incertidumbre genera temores y los temores, insatisfacción.

- En tu negocio hay escenarios que puedes prever porque forman parte de su misma esencia. Estate preparado para cuando lleguen.

- «Clasifica» las gestiones con tus clientes en base a determinados criterios. Todas son importantes, pero no todos están en las mismas circunstancias. Agiliza las reclamaciones.

## RAFA - HOSTELERÍA

A veces, lo mejor viene de quien menos te lo esperas, no porque no tenga la sensibilidad para ello, sino porque le supone un esfuerzo mayor y a pesar de todo tiene la generosidad de dártelo.

Vivo en un barrio de Madrid, en el centro sí, pero un barrio, aunque me temo que no sé por cuánto tiempo.

Ocurrió hace veinte años. Fui a comprar tabaco. Al lado había una bodega. La llevaban unos hermanos. Entré una primera vez y lo estuve haciendo durante veinte años. Aperitivo cada domingo, encuentro con amigos sin programar; solo una llamada y una pregunta: «¿nos vemos hoy y nos tomamos una cerveza?». No había sitio mejor donde ir, o al menos a nosotros nos parecía.

En veinte años da tiempo a conocer a mucha gente. Vivo en Madrid pero soy de fuera. En la bodega siempre había oportunidad de conocer a alguien, de charlar, de compartir. Y de ayudar. Un día, hace ya un tiempo, mi madre, desesperada tras dar vueltas y vueltas en busca de aparcamiento, recibe una propuesta a través de la ventanilla: «¿quiere dejarme las llaves y le muevo el coche si hace falta?». Un ejemplo de muchos.

Llega el confinamiento. Tras meses en casa, se alivian las medidas anti Covid. ¡¡Qué mejor que bajar a la bodega y tomar un vino. Veinte años haciéndolo y cuatro meses sin disfrutarlo. Mismo ambiente, menos gente.

Dos días después recibimos una llamada. Era de la bodega: «Paséense por aquí. Queremos invitarles. Cerramos definitivamente en unos días» nos dicen.

Fuimos. Una mezcla de pena y agradecimiento. Nuestro sitio de encuentro iba a dejar de serlo. Ellos, que cerraban porque no tenían dinero para mantenerlo, en una situación económica delicada, tenían el detalle de acordarse de nosotros, llamarnos e invitarnos. «Nos vamos a Zamora» nos dicen. «Una hermana tiene un hotel allí».

A mi marido le encanta cocinar. Ellos lo saben. Era un tema de conversación recurrente. Cuando abandonábamos el local nos dicen «Entren a la cocina y llévense lo que quieran». Nos miramos. Miradas de sorpresa, incredulidad, agradecimiento. ¡¡Cómo vamos a llevarnos cosas en la situación en la que están!! Ellos insisten. Nos llevamos una sartén.

Sigo viviendo en la misma casa, pero ese ya no es mi barrio. Tienda de arreglos cerrada. Papelería abierta quién sabe durante cuánto tiempo. De las peluquerías solo queda una. La frutería sin esperanza alguna. ¿Sabes qué sensación tengo? Que están borrando mi pasado.

## Aprendizajes

- La orientación al cliente de una compañía no depende de sus recursos. Es una filosofía en la que se cree.

- Trabaja la fidelidad de tus clientes.

- Las personas marcan la diferencia. El trato es vital, independientemente del tamaño de tu compañía y del número de personas que trabajen en ella.

- No bases solo la relación con tus clientes en la prestación de los servicios directamente relacionados con tu negocio. Piensa qué más les puedes ofrecer que sea de valor para ellos.

## CÓMO LA NUEVA REALIDAD AFECTA A LA EXPERIENCIA CLIENTE

Dicen que el mundo ya no va a ser como antes. Yo no tengo el suficiente conocimiento para afirmar que esta frase será una realidad. Lo que sí sé es que la manera de crear Experiencias Cliente satisfactorias se ha visto influenciada por el efecto covid-19. ¿Cuánto va a durar? Lo desconozco. Dependerá de la huella que esta experiencia vital haya dejado en nosotros y de nuestra capacidad para olvidarla con el tiempo.

Independientemente de si el efecto durará, hoy está ahí; y como cada día seguimos relacionándonos con nuestros clientes y consumidores, y creando experiencias, te recomiendo que te pongas ya a ello integrando los efectos que a continuación te indico.

Ello te exige revisar todas las Experiencias Cliente que ya ofreces repasando tanto el *Customer Journey* como el *Blue Print,* y escuchando de nuevo a tus clientes y consumidores, porque sus necesidades y comportamientos han cambiado.

Descubrirás nuevos momentos de la verdad que supondrán tanto oportunidades como riesgos, y sobre los que deberás actuar.

## Nueva emoción: el miedo

Si algo ha despertado la covid-19 es el miedo: temor a infectarnos, a enfermar. Ello hay que tenerlo en cuenta, no solo para definir los protocolos que aseguren que nuestros clientes y empleados no lo sientan cuando se relacionan con nosotros, sino también para entender comportamientos de otros que, al sentirse inseguros, pueden reaccionar de una manera más emotiva o descontrolada.

La credibilidad de las medidas que se adopten y, en consecuencia, el sentimiento de seguridad de las personas con las que nos relacionamos será mayor si dichas medidas son avaladas por un organismo competente.

·····································································

### BEST PRACTICE: JOTUN

La empresa de pinturas Jotun estableció reuniones periódicas y frecuentes con sus equipos de fábrica, tanto de turno de mañana como de tarde, manteniendo informado a su personal. Eran reuniones abiertas y transparentes donde se escuchaba a los colaboradores que ponían sobre la mesa cualquier cuestión que les pudiera preocupar. Se resolvían dudas, se desmentía información y se alineaban las opiniones, lo que logró desactivar la tensión.

·····································································

## Nuevo objetivo: la seguridad de los clientes y empleados

Muchos son los objetivos que nuestras experiencias pueden cubrir, tal como vimos en apartados anteriores. Ahora hay que añadir uno nuevo: la seguridad de tus clientes y empleados, lo que exige rediseñar las Experiencias Cliente.

## BEST PRACTICE: MERCADONA

Mercadona ha instaurado una nueva mecánica en las cajas de pago que ha sorprendido a muchos. Cuando el cliente termina su compra y se dirige a pagar a la caja, los empleados le aconsejan que gire el carrito y lo coloque justo al revés de lo habitual, con el manillar en la parte más alejada. El motivo, que muchos clientes no acababan de comprender, ha sido explicado por la compañía en sus redes sociales. «Indicamos a nuestros clientes que coloquen el carro por delante, ya que de esta manera pueden ir colocando los productos en la cinta mientras se respeta la distancia de seguridad».

## Nuevos procedimientos y prácticas preventivas

Lo anteriormente comentado exigirá que definas nuevos procedimientos que tus empleados deben seguir y protocolizarlos. Una vez lo hayas hecho, debes formar a los equipos sobre ello y estar abierto a responder a cualquier duda e inquietud que pueda surgir. Es importante mantener reuniones frecuentes para asegurar que no hay dudas sobre su implementación. Monitoriza también sus resultados para ir cambiándolos cuando surjan ineficiencias.

### EJEMPLO

La nueva carta en bares o restaurantes a través del código QR es un buen ejemplo, así como la gestión del *buffet* por parte de los hoteles.

Destacable es lo que ha hecho también la línea aérea canaria Binter, que pedía a los pasajeros que quisiesen ir al baño avisaran para limpiarlo antes de que se hiciera un nuevo uso de él.

## Recalcula tus capacidades

Al cambiar los protocolos y la operativa, seguramente necesitarás nuevos recursos, ya sean humanos, tecnológicos o monetarios. Recuerda lo visto en los relatos anteriores: atención telefónica mayor, capacidades digitales nuevas, limpieza de instalaciones más frecuentes... Asegúrate de que tienes las capacidades disponibles para enfrentarte a ello.

........................................................................

### BEST PRACTICE: TELEFÓNICA

Telefónica ha asegurado la conectividad para que la red de telecomunicaciones opere a pleno rendimiento de una manera fiable, estable y segura. En España ha sido capaz de hacer frente a un aumento de la demanda de ancho de banda de casi un 40%, un crecimiento del tráfico móvil de datos del 50 % y de la voz móvil del 25% en las primeras semanas del inicio del confinamiento por la covid-19.

........................................................................

## Nuevo «driver» de contratación, compra y relación: la confianza

Muchos son los ingredientes que hacen que elijamos una compañía u otra. Depende del sector, de las inquietudes personales de cada uno de nosotros. A día de hoy, hay uno que es común: la confianza que las compañías nos generan.

Ello exige conocer de antemano sobre qué construyen esa confianza las personas a las que queremos dirigir nuestras experiencias. Aspectos como la transparencia, la información clara y continuada, lo familiar y cercano son algunos de ellos. No obstante, eres tú el que debe descubrir cómo tu cliente construye esa confianza tan clave para movilizarlo y asegurar que mantiene contigo una relación duradera y satisfactoria.

## Descubre nuevas maneras de transmitir cercanía

Aprende a sonreír con una mirada que denote el cariño. No hay nada que pueda reemplazar el abrazo, ni la mano tendida, pero debemos buscar alternativas. El sentir que eres bien recibido sigue siendo clave en cualquier negocio.

## Desarrollo digital y tecnológico de los negocios

Múltiples son los beneficios. Desde facilitar la distancia social a través del pago con móvil, hasta compras por *e-commerce* para evitar los desplazamientos a las tiendas físicas o videoconferencias con compañeros de trabajo y amigos.

El uso de nuevas tecnologías digitales crea nuevos escenarios en los que todos nos sentimos cómodos. Facilita experiencias distintas e igual de satisfactorias. Este es un aspecto que todos hemos vivido tanto a nivel personal como profesional y que ha llegado para quedarse.

Además, servirá de impulso para acelerar otras realidades no tan cotidianas y para las que se descubrirán nuevos usos. Es el caso de los drones de próxima generación, y otros dispositivos como robots, que en Shanghai durante la pandemia se usaron para limpiar y patrullar las calles.

## Nuevos espacios en los que disfrutar de experiencias

Hemos redescubierto nuestro hogar como un lugar placentero, que además nos hace sentir seguros. Este nuevo espacio de consumo debe llevar a las compañías a diseñar experiencias adaptadas a este entorno.

........................................................................................

## BEST PRACTICE

Nuevos caminos que se han abierto durante el confinamiento, como el *delivery* o el *take away* para restaurantes de estrellas Michelín no se van a cerrar. Ello exige ofrecer nuevas experiencias adaptadas a lo que el cliente espera de la marca, trasladando la sensación de exclusividad al nuevo espacio de consumo.

## CASA MARCIAL

El restaurante 2 estrellas Michelín situado en los Picos de Europa envía comida a domicilio a cualquier parte de España. En unas condiciones muy estudiadas incluye las instrucciones para acabar de preparar los platos y los utensilios necesarios para hacerlo, lo que permite disfrutar en el hogar de una experiencia maravillosa.

## PLATAFORMA TAKE A RESTAURANT

Es una nueva plataforma *online* que ha sido creada por una empresa de comida a domicilio y chefs privados. Acuden a casa del cliente con un chef de un restaurante famoso y más personal para crear una experiencia de consumo que incluye, si así se solicita, una vajilla especial y música en directo.

........................................................................................

Lo mismo se aplica a lugares abiertos como las terrazas. Hay que trasladar nuestras experiencias a nuevos entornos en los que nuestros clientes se sientan seguros y evitar aquellas que les hacen sentir incómodos. Ello puede exigir redefinir los espacios: ¿por qué no la barra del bar en la zona del escaparate para disfrutar así del café mañanero en una zona exterior?

## Nuevos atributos de marca como cercanía o sostenibilidad

Los atributos de marca se canalizan a través de las experiencias, que deben ser un fiel reflejo de ellos. Recomendaciones como no viajar fuera de España, o debates como el origen del virus, nos han llevado a valorar temas como el consumo de lo local o la sostenibilidad. Quien los integre y transmita de forma eficaz en sus experiencias obtendrá rédito de ello.

De ahora en adelante nos fijaremos más en las etiquetas, de dónde vienen los productos, los valores que tiene la marca y el compromiso de estas con la sociedad.

La sostenibilidad se convertirá en el nuevo gran pilar de los valores corporativos y personales.

## Aprende a vivir con la incertidumbre pero con mejor planificación y flexibilidad

Que el mundo puede cambiar de un día para otro lo sabemos las personas porque hemos vivido experiencias vitales que nos han hecho abrir los ojos en algún momento de nuestras vidas.

¿Lo saben las empresas? Antes de la covid-19, no; ahora sí. Ello exige que integren en su cultura de compañía y en su gestión valores como flexibilidad, planificación y sentido de urgencia para poder pivotar el negocio cuando las circunstancias así lo requieran.

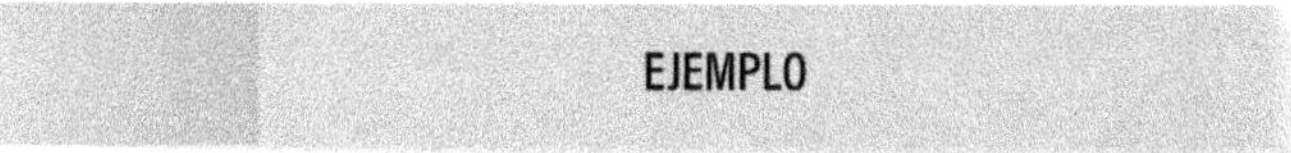


Durante la covid-19 hubo organismos públicos que sí supieron hacerlo. Es el caso de la ciudad de Nueva York que cedió calles para espacios abiertos como terrazas y zonas de paseo o Barcelona que cedió sus bibliotecas públicas para uso escolar.



En un esfuerzo por servir mejor a los clientes y proteger a los empleados, varios supermercados cerraron las instalaciones a sus clientes y las utilizaron de almacenes para pedidos. Whole Foods convirtió tiendas en Los Ángeles y Nueva York, y Kroger y Giant Eagle han hecho lo mismo con múltiples ubicaciones. Ello ayudó a los supermercados a cumplir las órdenes de pedidos y entregas mucho más rápido que con el uso de centros de distribución más alejados de los clientes.

## Transparencia

En momentos de incertidumbre y desinformación, los ciudadanos buscan cada vez más la transparencia en las empresas y entidades públicas. Tener a los clientes informados es clave para conseguir su satisfacción.

**EJEMPLO**

Las frecuentes ruedas de prensa de los gobiernos durante la pandemia responden a ello. No obstante, si la información que se transmite no es clara y transparente, el efecto positivo se ve reducido. Es el caso del Gobierno de España, evitando dar los nombres del comité de expertos.

Ejemplo positivo es la Comunidad de Madrid que ha creado un portal muy completo que responde a decenas de dudas que los ciudadanos puedan tener por efecto de la covid-19. Entre otros incluye información para los demandantes de empleo, detalle de las ayudas para autónomos y PYMES, y el plan de desescalada.

## Oportunidades de negocio que generan las experiencias satisfactorias surgidas de nuevas necesidades no satisfechas

Surgen oportunidades de ofrecer nuevas experiencias que hay que aprovechar, ya no solo porque generan negocio para tu compañía, sino porque además generan experiencias satisfactorias para un nuevo público que quizás hasta ese momento no había sido cliente tuyo.

**BEST PRACTICE: HOTELES RED ROOF**

Los hoteles están casi vacíos, y muchos empleados que trabajan desde casa se han quedado sin espacio. Los hoteles Red Roof comenzaron a ofrecer tarifas diarias para trabajadores remotos. Por tan solo $29 por día en algunos lugares, los trabajadores remotos pueden tener acceso privado a una habitación de hotel convertida en suite de oficina, con Internet rápido y un ambiente tranquilo.

Asimismo, existen hoteles en Canarias que ofrecen servicios para los empleados de plataformas de petróleo que deben hacer cuarentena. Les ofrecen un alojamiento con servicio de *room service* de desayuno, comida y cena en un entorno de aislamiento con múltiples comodidades. Ello permite a la cadena hotelera captar un nuevo perfil de cliente y generar nuevas experiencias satisfactorias para un público ávido de ellas.

## Ofrece soluciones que aseguren la rapidez del servicio para evitar colas o aglomeraciones

Con la covid-19 hay situaciones que de antemano sabemos que van a crear insatisfacción en nuestros clientes y usuarios. Debemos detectar cuáles son y trabajar para que no ocurran. Las colas y las aglomeraciones son algunas de ellas.



La Seguridad Social es otro buen ejemplo. El servicio de analítica de un centro de salud en Santa Cruz de Tenerife ha pasado a dar hora, algo totalmente nuevo, ya que con anterioridad para este servicio no se ofrecían citas programadas.

**BEST PRACTICE: DIPUTACIÓN DE SEVILLA**

Desde INPRO, entidad creada por Diputación de Sevilla para la prestación de Servicios Informáticos a la propia Diputación y a los ayuntamientos, se ofrece un servicio de cita previa para atención al ciudadano.

Además, este servicio también contempla la posibilidad de que el ciudadano solicite cita para ser atendido de forma telemática a través de un enlace por el que accede a una videoconferencia con el empleado público de su ayuntamiento.

## Los parámetros relacionados con la salud se están convirtiendo en algo imprescindible

Cualquier negocio debe orientarse a la salud de una u otra manera. Las personas reevaluarán casi todas las experiencias, los productos y servicios en tanto mejoren o disminuyan su salud. Este proceso mental será manifiesto o subconsciente, pero se aplicará a todo.

Realiza un control sanitario de tus experiencias. Entiende las preocupaciones de los clientes y empleados, y gestiónalas o elimínalas.

## Dota de autoridad a tus experiencias

Esto lo puedes conseguir introduciendo en las experiencias que ofreces pruebas de que tienes la autoridad suficiente en la materia, o asociándote con otros que la trasladan a tu marca y compañía.

La autoridad está más presente en un momento como el actual, donde es habitual que «nos impongan» normas de comportamiento. El concepto de autoridad cobra valor al asociarlo con la protección del bien común y del bien individual.

En consecuencia, integrar en las experiencias que ofreces la exigencia de seguir determinados hábitos y pautas de comportamiento se valora positivamente, e incluso es algo que el cliente espera de ti.

No obstante, hay que estar preparados para responder con hechos y palabras a aquellas personas que no muestran alineamiento, justificando las acciones de tu empresa con explicaciones que hagan ver la necesidad y el beneficio de las mismas.

**EJEMPLO**

Exigir el uso del gel hidroalcohólico a la entrada de un establecimiento es percibido como algo positivo, mientras que no hacerlo genera desconfianza. Asimismo, el debate existente sobre la necesidad de reforzar el cumplimento de las normas y multar en caso de no hacerlo, es otra prueba que la autoridad es percibida como positiva y ampliamente aceptada.

## Velar por el bien común y dejar a un lado intereses individuales premiará a tu empresa

Aquellas empresas que sean capaces de asociarse con su competencia para ofrecer experiencias conjuntas en beneficio de sus clientes serán mejor valoradas.

El sentimiento de un miedo común que nos acecha a todos ha reforzado el vínculo asociativo y de comunidad; sentimos que hay una fuerza mayor que nos une y contra la que todos debemos luchar.

En consecuencia, las empresas y las instituciones que se asocien para ofrecer experiencias compartidas, olvidando sus intereses individuales y poniendo por encima el bien común, fortalecerán los vínculos con sus clientes y consumidores.

## BEST PRACTICE: APPLE Y GOOGLE

Las empresas Apple y Google se asociaron para la creación de un sistema de rastreo de contactos que alerta a los usuarios de si han estado cerca de alguien que dio positivo a coronavirus, con el objetivo de frenar la propagación de la covid-19.

Las dos compañías han trabajado juntas en una tecnología que permite a los dispositivos móviles intercambiar información a través de conexiones *bluetooth* para alertar a las personas cuando hayan estado cerca de alguien que dio positivo por coronavirus.

Los nuevos escenarios abren oportunidades y también cuestionan la idoneidad de las experiencias que ofrecemos. Ello exige una revisión de lo que como compañía hacemos, donde la escucha del cliente es clave. No es nada nuevo en la operativa de gestión de la Experiencia Cliente, pero sin duda es una llamada de atención para que no nos olvidemos de que la satisfacción del cliente debe estar en el centro de nuestras decisiones.

# EPÍLOGO

Para ti, que has estado leyendo este manual con interés y dedicación. No sé en qué sector trabajas, si tienes tu propia empresa o estás empleado en una gran corporación, si desarrollas tu actividad en el sector privado o en el público. Es más, quizás ni siquiera te dediques a esto y me estás leyendo por pura curiosidad intelectual.

Independientemente de lo que te haya movido a comprar este libro, empezarlo y acabarlo, recuerda lo que en estas páginas está escrito, bien para exigirlo, bien para ofrecerlo.

Para todos, porque en algún momento todos somos clientes, recordemos que las compañías que se merecen nuestra confianza son aquellas que:

- Son el reflejo de nuestra identidad y están alienadas con nuestros valores.
- Nos generan emociones positivas.
- Dan respuesta a nuestros deseos.
- Nos ponen las cosas fáciles evitando que las tareas que tenemos que hacer nos supongan un esfuerzo.
- Saben lo que queremos y responden a nuestras expectativas.
- Nos permiten elegir en base a quiénes somos, qué nos gusta, cómo nos comportamos y cómo queremos relacionarnos.
- Son consistentes en lo que hacen y en lo que ofrecen.

Para los que somos afortunados de brindar experiencias, recordemos:

• Sin objetivo de negocio no hay *Customer Experience.*

• A segmentos de clientes diferentes, Experiencias Cliente diferentes. Si no, no conseguirás que tus experiencias sean relevantes y alineadas con expectativas. Lo que necesita María no es lo mismo que lo que necesita Néstor.

• La *Customer Experience* no es lo que las características del producto permiten hacer; es lo que hacen sentir. Considera lo que el cliente siente como una de las claves de tu proceso de trabajo, diseño y decisión.

• Emociona al cliente y a tu director financiero. Todo, evidentemente, para ganar dinero. Sin retorno no hay *Customer Experience* que valga. Moriremos en el intento.

• La *Customer Experience* no va de ponerse a diseñar, de poner un buen ambientador en tu tienda o de felicitar a Juan por su cumpleaños; va de método.

• El proceso de diseño es un engranaje vinculante donde ninguna fase puede saltarse ni cambiarse de orden.

• Todas las decisiones de la *Customer Experience* se toman en base a datos de negocio e información.

• La *Customer Experience* está vinculada con la gestión global del *funnel* de compra y desde esa visión se debe diseñar.

- Lleva al consumidor de la mano desde la fase del *funnel* de compra donde se atascó hasta donde tus objetivos de negocio se hacen realidad. Se trata de echar el lazo al cliente en la fase donde está el tapón en su relación con nosotros. Ahí lo enamorarás para la causa y después irás poniendo piedrecitas en el camino hasta llevarle a la fase donde tu objetivo de negocio se cumple.

- Tú y tu cliente decidís en qué canales estar, no lo hacen los canales por ti. La omnicanalidad es una realidad, aunque no tienes la obligación de estar en todos los canales; tú eres el que establece las prioridades. Eso sí, elige bien.

Ya solo queda ponerse a ello. Seas consciente o no, cada día tus clientes y consumidores viven experiencias con tus marcas, y todos los integrantes de tu compañía, directa o indirectamente, las crean. ¿A qué esperas para hacerlo con método? Las experiencias se crean y son vividas por el cliente aunque tú no hagas nada por ello. Coge tú el control. El cliente te lo agradecerá, y tu compañía también.

# AGRADECIMIENTOS

Varias son las personas que, antes de la edición de este libro, tuvieron la generosidad de leerlo y darme su valiosa opinión.

Gracias a Mercedes Crespo, Arnaldo Muñoz, Carles Martínez Marí, Miryam Dorado, Emelina Rubira, Mercedes Cano, Fernando Guerra y Santi Monjo.

Asimismo me gustaría agradecer a Inés Monjo por compartir su talento y ceder las ilustraciones que acompañan al texto.

Es un placer teneros cerca.

# BIBLIOGRAFÍA



- KALBACH JAMES (2015), *Mapping Customer Experiences*, O'Reilly.

- WATKINSON MATT (2012), *The Ten Principles Behind Great Customer Experiences*, FT Publising Financial Times.

- JARVES JEFF (2009), *Y Google, ¿cómo lo haría?*, Booket.

- GATES ROGER, McDANIEL CARL JR (noviembre 2015), *Investigación de mercados*, Cengage Learning Editores.

- RIES AL, TROUT JACK (enero 2001), *Positioniong: the battle for your mind*, McGraw-Hill Education.

- MACIA DOMENE FERNANDO (noviembre 2018), *Estrategias de marketing digital*, Grupo Anaya.

- ALDAMA ZIGOR (febrero 2015), *China reinventa la forma de comprar en el 'super'*, https://retina.elpais.com/retina/2018/02/15/innovacion/1518699015_203844.html

- BOZKURT ÇAĞLAR (marzo 2018), *Amazon go is the pioneer in the new retail era.* http://www.twentify.com/blog/amazon-go-is-the-pioneer-of-the-new-retail-era

- THOMAS LAUREN (septiembre 2017), *Nordstrom to roll out smaller stores with no merchandise, more experiences.* https://www.cnbc.com/2017/09/11/nordstrom-to-roll-out-small-nordstrom-local-shops-with-no-inventory.html

- GRILL-GOODMAN JAMIE (noviembre 2017), *5 Ways Nordstrom Is Engaging Shoppers.* https://risnews.com/5-ways-nordstrom-engaging-shoppers

- Newsroom (octubre 2017), *Apple Michigan Avenue abre mañana a orillas del río Chicago.* https://www.Apple.com/es/newsroom/2017/10/Apple-michigan-avenue-opens-tomorrow-on-chicagos-riverfront/

- MOTTL JUDY (abril 2017), *Lowe's innovation leader talks mis-*

- sion, focus and strategy. https://www.retailcustomerexperience.com/articles/lowes-innovation-leader-talks-mission-focus-and-strategy/

- Rigby Darrell K (diciembre 2011), *The Future of Shopping*. https://hbr.org/2011/12/the-future-of-shopping

- Caine Stephen, Koetter Lisa (febrero 2018), *Grocery Retailing, Reimagined.* http://www.bain.com/publications/articles/grocery-retailing-reimagined.aspx

- Cheris Aaron, Rigby Darrell y Tager Suzanne (diciembre 2018). *The Power of Omnichannel Stores.* http://www.bain.com/publications/articles/retail-holiday-newsletter-2016-2017-4.aspx

- Demodern, *Digital Retail Experience.* http://demodern.com/projects/nike-digital-retail-experience

- Nike, *The best of Nike now lives in Soho*, Nike. https://www.nike.com/us/en_us/e/cities/nyc/nike-soho

- Senn Alex (septiembre 2016), *Nike: A case study for what omnichannel retail should look like.* https://www.linkedin.com/pulse/nike-case-study-what-omnichannel-retail-should-look-like-alex-senn/

- KPMG, *Informe Global Fashion Drivers*

- Laja Peep (febrero 2012), *53 Ways to Increase Conversion Rate.* https://conversionxl.com/blog/53-ways-to-increase-conversion-rate/#

- Inqmatic centros de negocio. *Ejemplos de transformación e iniciativas de empresas ante el covid.* https://inqmatic.com/ejemplos-de-transformacion-e-iniciativas-de-empresas-ante-el-covid-19/

- Profesionales Hoy (16 junio 2020). *Las empresas que han logrado reinventarse con la crisis del Covid 19.* https://profesionaleshoy.es/blog/2020/06/16/las-empresas-que-han-logrado-reinventarse-con-la-crisis-del-covid-19/167673.

- Accenture, *COVID-19: Cinco nuevas realidades en la experiencia humana que las empresas deben abordar Cómo deberían responder las organizaciones a lo que nunca fue normal.*

- Opinno (14 abril 2020), *10 tendencias que marcarán el futuro de la economía, los negocios y la sociedad en la nueva realidad.* https://opinno.com/es/news/10-tendencias-que-marcaran-el-futuro-de-la-economia-los-negocios-y-la-sociedad-en-la-nueva

- *Telefónica frente al covid-19* https://www.telefonica.com/ext/seguimosconectados/

- Negocios Now, *Sistema de Apple y Google para el rastreo del coronavirus.* https://negociosnow.com/sistema-de-Apple-y-google-para-el-rastreo-del-coronavirus/

KOLIMA
BOOKS

www.ingramcontent.com/pod-product-compliance
Lightning Source LLC
LaVergne TN
LVHW020326200726
843507LV00012B/2260